Janine Alers - Elisabete Dias
Ellen Remijnse - Kristel Salgarollo

13 PROJETS

Quiltés New Vintage

GABARITS TAILLE RÉELLE INCLUS

les éditions de saxe

New Vintage
UNE COLLECTION DE TISSUS INTEMPORELS

Les coloris rouges, crème et bleus ne se démodent jamais !
Des premières courtepointes aux quilts modernes, ces couleurs ont toujours été parmi les préférées.
La manière dont évoluent les tissus au fil du temps et l'amour des courtepointes ont inspiré la collection *New Vintage* d'Ellen Remijnse.
Laissez ces couleurs et imprimés intemporels vous séduire pour créer des projets qui traverseront le temps…

Bundle disponible sur www.edisaxe.com sous la référence LOT290

Sommaire

Paradis des petits

Les dimensions sont données avec une marge de couture de 0,75 cm incluse, sauf indication contraire. Les gabarits sont donnés sans marge de couture.

Ours

DIMENSIONS

- environ 43 cm de haut

LES FOURNITURES

- 25 x 110 cm de tissu beige imprimé petits motifs : **Tissu A**
- 25 x 55 cm de tissu rouge imprimé pois et traits : **Tissu B**
- 10 x 55 cm de tissu rose imprimé motifs rouges : **Tissu C**
- Fil à coudre beige
- Fils noir et beige solides pour l'assemblage
- Coton noir à broder
- Aiguille à broder
- 2 perles noires
- 100 cm de dentelle beige de 3 cm de large
- Rouge à lèvres et coton tige
- Ouate de rembourrage
- Rhodoïd pour gabarits et feutre fin permanent
- Crayon effaçable à l'eau, crayon à papier
- Cutter rotatif, règle et plaque de coupe
- Machine à coudre et matériel de couture

Sur les gabarits, les chiffres identifient les pièces, et les lettres identifient les tissus.

LA MARCHE À SUIVRE

LES GABARITS

Reporter le contour des **pièces 1 à 6** (gabarits) sur le Rhodoïd avec le feutre fin permanent. Ajouter une marge de couture de 0,75 cm tout autour et les découper sur le trait extérieur.

LA COUPE

Dans le tissu A, couper :
- 1 **corps 1** dans le tissu plié en deux
- 1 **côté de tête 2** dans le tissu plié en deux
- 1 **pièce centrale de la tête 3** dans le tissu simple
- 2 **oreilles 4** dans le tissu plié en deux
- 2 **bras 5** dans le tissu plié en deux
- 2 **jambes 6** dans le tissu plié en deux.

Dans le tissu B, couper :
- 2 **rectangles 7** de 20 x 25 cm.

Dans le tissu C, couper :
- 2 **bandes 8** de 4 x 35 cm.

Dans la dentelle, couper :
- 2 **segments** de 50 cm de longueur.

LA TÊTE ET LE CORPS DE L'OURS

Sélectionner les **pièces 2** et les positionner, endroit contre endroit, en alignant les bords bruts. Assembler du nez (repère *) au bas du cou (repère ◊). Ajouter ensuite la **pièce 3** (endroit contre endroit) en alignant les repères * et les repères ° sur le bas de la nuque. Coudre pour former la tête. Retourner l'ouvrage sur l'endroit par le tour du cou laissé libre et bien mettre en forme.

LE CORPS DE L'OURS

Sélectionner les 2 **pièces 1** et les positionner, endroit contre endroit, en alignant les bords bruts. Assembler du bas du cou (repère ◊) au bas de la nuque, en laissant le tour du cou libre ainsi que l'ouverture du dos (voir gabarits).

Glisser la tête dans le corps de l'ours en alignant les repères * et °. Épingler et assembler. Retourner l'ouvrage sur l'endroit par l'ouverture du dos laissée libre.

Kristel Salgarollo

Rembourrer fermement le corps et la tête de l'ours à l'aide de la ouate. Une fois le rembourrage finalisé, fermer l'ouverture en formant des points glissés invisibles.

LES OREILLES DE L'OURS

Sélectionner les **pièces 4**. Positionner 2 **pièces 4** coupées dans le tissu double, endroit contre endroit, en alignant les bords bruts. Coudre tout autour de la partie arrondie et retourner l'ouvrage sur l'endroit. Bien mettre en forme et glisser un peu de ouate de rembourrage dans l'oreille. Replier les marges de couture à l'intérieur de l'assemblage et fermer l'ouverture en formant des points glissés invisibles. Réaliser la seconde oreille de la même façon.
En s'inspirant de la photo du modèle, positionner les oreilles sur la tête de l'ours, former 1 pli pour leur donner une jolie forme et les appliquer à la main en formant des points glissés invisibles.

LES BRAS ET LES JAMBES DE L'OURS

Sélectionner les **pièces 5 et 6**. Positionner 2 **pièces 5** (bras) coupées dans le tissu double, endroit contre endroit, en alignant les bords bruts. Coudre tout autour en laissant l'ouverture libre (voir gabarits). Retourner l'ouvrage sur l'endroit par l'ouverture laissée libre.
Rembourrer fermement le bras de l'ours à l'aide de la ouate. Une fois le rembourrage finalisé, fermer l'ouverture en formant des points glissés invisibles. De la même façon, réaliser le second bras et les 2 jambes de l'ours.

L'ASSEMBLAGE DES MEMBRES

Couper 2 aiguillées de fil beige solide et les glisser dans le chas de l'aiguille. Piquer dans 1 bras (voir repère) puis dans le corps de l'ours en traversant les épaules et ressortir dans le bras du côté opposé, en veillant à bien orienter les bras.
Repiquer à quelques millimètres dans le bras, retraverser le corps au niveau des épaules et ressortir dans le bras initial.

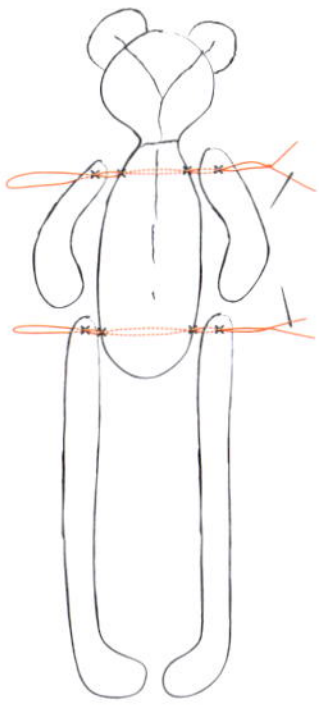

①

Assembler les membres au niveau des épaules et du bassin de l'ours.

Nouer solidement les 2 extrémités du fil et couper à 1 cm en laissant les extrémités libres.
De la même façon, réaliser le même assemblage en commençant sur l'autre côté de l'ours, pour consolider la couture.
Réaliser les mêmes assemblages pour les jambes de l'ours, en veillant toujours à bien orienter les pieds de l'animal.

LES YEUX ET LE MUSEAU

En s'inspirant de la photo du modèle, tracer le museau et la bouche de l'ours avec le crayon effaçable à l'eau. Broder le museau au point lancé et la bouche au point de tige avec le coton noir.

Couper 2 aiguillées de fil noir solide et les glisser dans le chas de l'aiguille. Assembler les perles sur les emplacements des yeux de la même façon que pour les bras de l'ours. Tirer fermement sur le fil pour « enfoncer » les yeux dans la tête de l'animal et obtenir un joli relief. Nouer les extrémités du fil et « noyer » le fil à l'intérieur de la tête.
Couper les extrémités du fil au ras du tissu.

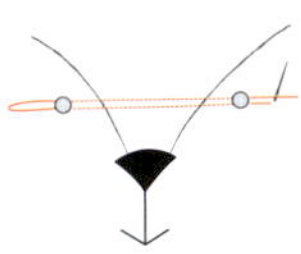

②

Coudre les perles pour former les yeux de l'ours.

À l'aide du rouge à lèvres, former des joues rouges sur l'ours en étalant un peu de rouge à lèvres avec un coton tige.

LA ROBE

Sélectionner les 2 **rectangles 7B**. Les superposer, endroit contre endroit, en alignant les bords bruts et les assembler selon les indications suivantes.

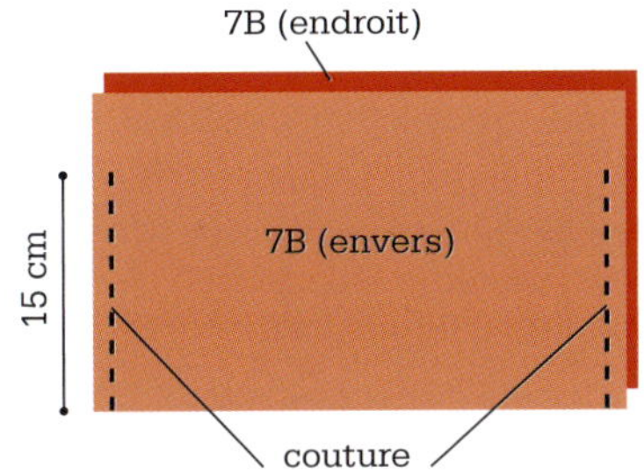

③

Coudre sur les 2 côtés sur 15 cm de hauteur.

Coudre la dentelle sur le bas de la robe et ourler les emmanchures et le cou, selon les indications suivantes.

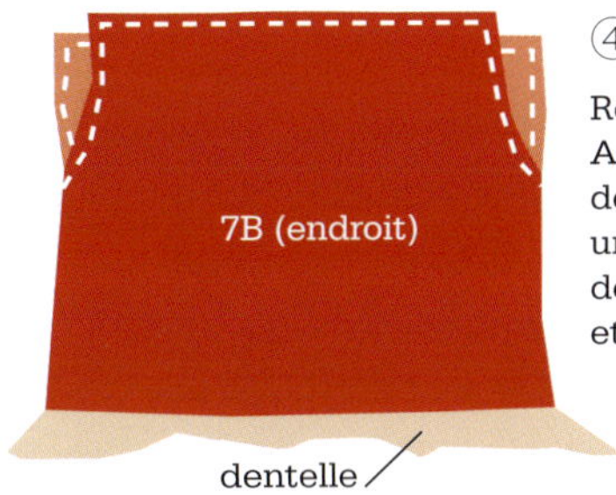

④

Retourner l'ouvrage sur l'endroit. Appliquer la dentelle sur le bas de l'assemblage. Réaliser un rentré de 1 cm autour des emmanchures et du cou et le coudre au point avant.

Passer un fil de fronce sur l'encolure du devant de la robe et tirer sur le fil pour former des fronces et réduire l'encolure à 6 cm de large. De la même façon, froncer l'encolure du dos de la robe.

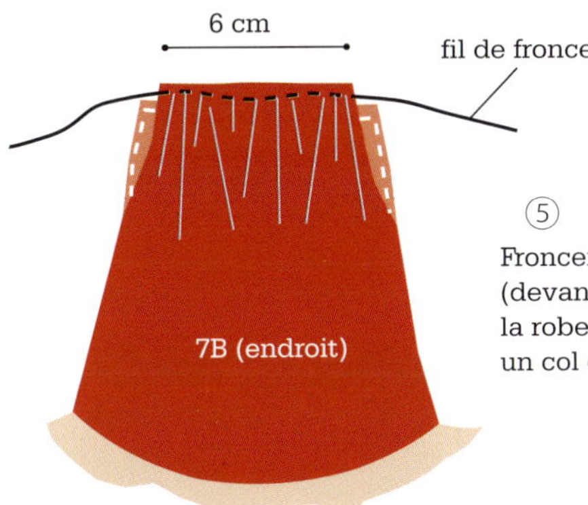

⑤

Froncer les encolures (devant et derrière la robe) pour obtenir un col de 6 cm de longueur.

Sélectionner 1 **bande 8C** et la plier selon les indications suivantes. Glisser l'encolure du devant de la robe dans la bande de finition ainsi obtenue et coudre pour former les bretelles de la robe. De la même façon, réaliser et assembler les bretelles du dos de la robe.

(6) Sélectionner 1 bande 8C.

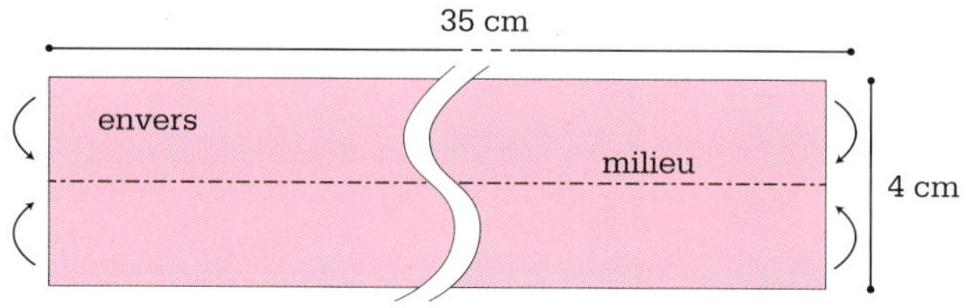

(7) Replier les bords vers le milieu et repasser.

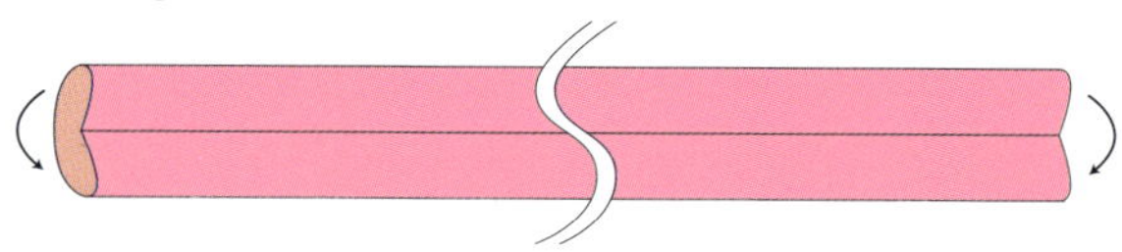

(8) Plier à nouveau en deux et repasser.

(9) Glisser l'encolure entre les 2 épaisseurs et coudre à 2 mm des bords.

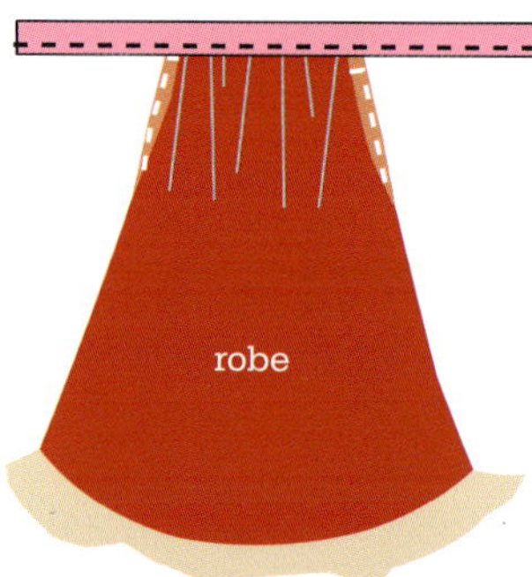

(10) De la même façon, réaliser les finitions du dos de la robe avec la seconde bande 8C.

LES FINITIONS

Habiller l'ours avec la robe et nouer les bretelles au niveau des épaules.

Former une jolie boucle avec le segment de dentelle restante et le coudre sur l'oreille de l'ours en formant des points glissés invisibles.

Les dimensions sont données avec une marge de couture de 0,75 cm incluse, sauf indication contraire. Les gabarits sont donnés sans marge de couture.

Lapin

DIMENSIONS

- environ 45 cm de haut

LES FOURNITURES

- 25 x 110 cm de tissu beige imprimé petits motifs : **Tissu A**
- 10 x 110 cm de tissu rouge imprimé petits motifs : **Tissu B**
- 10 x 25 cm de tissu rose imprimé feuilles : **Tissu C**
- 1 chute de tissu rouge imprimé pois et traits : **Tissu D**
- 1 chute de tissu blanc cassé imprimé feuilles : **Tissu E**
- Fil à coudre beige
- Fils noir et beige solides pour l'assemblage
- Cotons noir et blanc à broder
- Aiguille à broder
- 2 perles noires
- Rouge à lèvres et coton tige
- Ouate de rembourrage
- Voile thermocollant double face
- Rhodoïd pour gabarits et feutre fin permanent
- Crayon effaçable à l'eau, crayon à papier
- Cutter rotatif, règle et plaque de coupe
- Machine à coudre et matériel de couture

Sur les gabarits, les chiffres identifient les pièces, et les lettres identifient les tissus.

LA MARCHE À SUIVRE

LES GABARITS

Reporter le contour des **pièces 1 à 4** (gabarits) sur le Rhodoïd avec le feutre fin permanent.
Ajouter une marge de couture de 0,75 cm tout autour et les découper sur le trait extérieur.

LA COUPE

Dans le tissu A, couper **dans le tissu plié en deux** :

- 1 **corps 1**
- 2 **bras 2**
- 2 **jambes 3**
- 1 **oreille 4**.

Dans le tissu B, couper :

- 1 **bande 7** de 8 x 80 cm.

Dans le tissu C, couper **dans le tissu plié en deux** :

- 1 **oreille 4**.

Dans le tissu D, préparer et couper 1 **cœur 5** selon la technique de l'appliqué thermocollé (voir p.25), sans ajouter de marge de couture.
Dans le tissu E, préparer et couper 1 **carré 6** de 3,5 x 3,5 cm selon la technique de l'appliqué thermocollé, sans ajouter de marge de couture.

LA TÊTE ET LE CORPS DU LAPIN

Sélectionner les **pièces 1** et les positionner, endroit contre endroit, en alignant les bords bruts.
Coudre tout autour de l'assemblage en laissant l'ouverture du dos libre.
Retourner l'ouvrage sur l'endroit par l'ouverture du dos laissée libre.
Rembourrer fermement le corps et la tête du lapin à l'aide de la ouate. Une fois le rembourrage finalisé, fermer l'ouverture en formant des points glissés invisibles.
Fixer le **carré 6E** sur la poitrine du lapin à l'aide du fer chaud et broder les contours au point avant avec le coton blanc.

LES OREILLES DU LAPIN

Sélectionner 1 **pièce 4** coupée dans le **tissu A** et 1 **pièce 4 inversée** coupée dans le **tissu C**.
Positionner ces 2 **pièces 4**, endroit contre endroit, en alignant les bords bruts. Coudre tout autour de la partie arrondie et retourner l'ouvrage sur l'endroit.

Bien mettre en forme, replier les marges de couture à l'intérieur de l'assemblage et fermer l'ouverture en formant des points glissés invisibles.
Réaliser la seconde oreille de la même façon.
En s'inspirant de la photo du modèle, positionner les oreilles sur la tête du lapin en les pliant en deux (**tissu C** à l'intérieur) pour leur donner une jolie forme, et les appliquer à la main en formant des points glissés invisibles.

LES BRAS ET LES JAMBES DU LAPIN

Sélectionner les **pièces 2 et 3**. Positionner 2 **pièces 2** (bras) coupées dans le tissu double, endroit contre endroit, en alignant les bords bruts. Coudre tout autour en laissant l'ouverture libre (voir gabarits).
Retourner l'ouvrage sur l'endroit par l'ouverture laissée libre.
Rembourrer fermement le bras du lapin à l'aide de la ouate. Une fois le rembourrage finalisé, fermer l'ouverture en formant des points glissés invisibles.
De la même façon, réaliser le second bras et les 2 jambes du lapin.
Fixer le **cœur 5D** sur une des jambes (genou) à l'aide du fer chaud et broder les contours au point lancé avec le coton noir.

L'ASSEMBLAGE DES MEMBRES

Couper 2 aiguillées de fil beige solide et les glisser dans le chas de l'aiguille. Piquer dans 1 bras (voir repère) puis dans le corps du lapin en traversant les épaules et ressortir dans le bras du côté opposé, en veillant à bien orienter les bras. Repiquer à quelques millimètres dans le bras, retraverser le corps au niveau des épaules et ressortir dans le bras initial (voir schéma de l'assemblage de l'ours).
Nouer solidement les 2 extrémités du fil et couper à 1 cm en laissant les extrémités libres.

De la même façon, réaliser le même assemblage en commençant sur l'autre côté du lapin, pour consolider la couture.
Réaliser les mêmes assemblages pour les jambes du lapin, en veillant toujours à bien orienter les pieds de l'animal.

LES YEUX, LE NEZ ET LES MOUSTACHES

En s'inspirant de la photo du modèle, tracer le nez et la bouche du lapin avec le crayon effaçable à l'eau.
Broder le nez au point lancé et la bouche au point de tige avec le coton noir.
Reporter également les cils des yeux du lapin et les broder au point lancé.

Couper 4 brins de coton noir de 10 cm de longueur et les glisser dans le chas de l'aiguille en alignant les extrémités. Piquer juste sous le nez du lapin et ressortir à 3 mm. Nouer les brins entre eux et les recouper à la longueur désirée, pour former les moustaches.

Couper 2 aiguillées de fil noir solide et les glisser dans le chas de l'aiguille. Assembler les perles sur les emplacements des yeux de la même façon que pour les bras. Tirer fermement sur le fil pour « enfoncer » les yeux dans la tête de l'animal et obtenir un joli relief.
Nouer les extrémités du fil et « noyer » le fil à l'intérieur de la tête. Couper les extrémités du fil au ras du tissu (voir schéma de l'assemblage de l'ours).
À l'aide du rouge à lèvres, former des joues rouges en étalant un peu de rouge à lèvres avec un coton tige.

L'ÉCHARPE

Plier la **bande 7B** en deux, dans le sens de la longueur et recouper les extrémités en formant 1 pointe à 45°. Piquer le long des 3 bords bruts en laissant une ouverture de 15 cm environ sur le milieu de la couture du bord long.
Dégarnir les angles et retourner l'ouvrage sur l'endroit par l'ouverture laissée libre. Bien mettre en forme et faisant ressortir les angles et en écrasant les coutures.
Replier les marges de couture à l'intérieur de l'assemblage et fermer l'ouverture en formant des points glissés invisibles.
Surpiquer à 3 mm des bords tout autour de l'écharpe.

LES FINITIONS

Glisser l'écharpe autour du cou du lapin et faire un joli nœud.

Les dimensions sont données avec une marge de couture de 0,75 cm incluse, sauf indication contraire. Les gabarits sont donnés sans marge de couture.

Panneau

DIMENSIONS

- 42 x 54 cm

LES FOURNITURES

- 25 x 55 cm de tissu rouge imprimé petits motifs : **Tissu A**
- 25 x 55 cm de tissu rouge imprimé pois et traits : **Tissu B**
- 25 x 55 cm de tissu rose imprimé motifs rouges : **Tissu C**
- 25 x 55 cm de tissu saumon imprimé petites feuilles : **Tissu D**
- 25 x 55 cm de tissu blanc cassé imprimé petites feuilles : **Tissu E**
- 25 x 110 cm de tissu blanc cassé imprimé pois et traits : **Tissu F**
- 10 x 55 cm de tissu beige imprimé petits motifs : **Tissu G**
- 10 x 55 cm de tissu beige imprimé faux uni : **Tissu H**
- 10 x 55 cm de tissu beige imprimé petits motifs : **Tissu I**
- 50 x 60 cm de molleton
- 50 x 60 cm de tissu de doublure
- Fil à coudre
- Fil à quilter
- Coton noir à broder
- Aiguille à broder
- Ouate de rembourrage
- Rhodoïd pour gabarits et feutre fin permanent
- Crayon effaçable à l'eau, crayon à papier
- Colle en aérosol
- Cutter rotatif, règle et plaque de coupe
- Machine à coudre et matériel de couture

Sur les schémas et sur les gabarits, les chiffres identifient les pièces, et les lettres identifient les tissus. Les chiffres entourés identifient l'ordre des assemblages.

LA MARCHE À SUIVRE

LES GABARITS

Reporter le contour des **pièces appliquées** (gabarits) sur le Rhodoïd avec le feutre fin permanent et les découper sur le trait sans ajouter de marge de couture.

Pour les oreilles de l'ours et du lapin, reporter le contour des **oreilles 8** et **9** sur le Rhodoïd avec le feutre fin permanent. Ajouter une marge de couture de 0,75 cm tout autour des pièces et les découper sur le trait extérieur.

LA COUPE

Dans le tissu A, couper :
- 1 **carré 1** de 17,5 x 17,5 cm.

Dans le tissu B, couper :
- 4 **bandes 3** de 5,5 x 17,5 cm.

Dans le tissu C, couper :
- 4 **bandes 4** de 5,5 x 25,5 cm
- 2 **oreilles 9**.

Dans le tissu D, couper :
- 4 **bandes 5** de 5,5 x 33,5 cm.

Dans le tissu E, couper :
- 12 **carrés 2** de 5,5 x 5,5 cm.

Dans le tissu F, couper :
- 1 **rectangle 6** de 13,5 x 41,5 cm.
- 2 **bandes 7** de 4 cm de large dans la largeur totale du tissu.

Dans le tissu H, couper :
- 2 **oreilles 8** et 2 **oreilles 8 inversées**.

Dans le tissu I, couper :
- 2 **oreilles 9 inversées**.

Selon les indications des gabarits pour le choix des tissus, couper et préparer les pièces appliquées selon la technique de l'appliqué traditionnel (voir p. 17), en ajoutant une marge de couture.

LA PRÉPARATION DES APPLIQUÉS

Sélectionner les **appliqués** (sauf les oreilles). Replier les marges de couture tout autour des pièces sur l'envers du tissu et les bâtir, selon la technique de l'appliqué traditionnel.

LE FOND DU PANNEAU

Sélectionner les **pièces 1** à **5** et les assembler, selon les indications suivantes, pour former le bloc « marches du palais ».

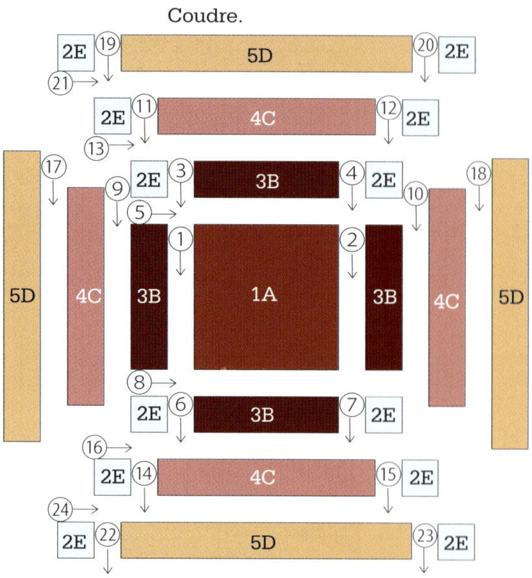

Coudre le **rectangle 6F** sur le haut de l'assemblage, selon les indications suivantes.

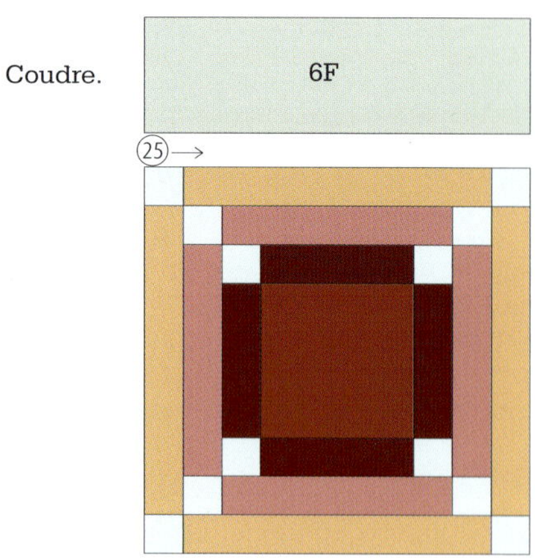

LES OREILLES « EN RELIEF »

Sélectionner les **oreilles 8** et **8 inversées** coupées dans le **tissu H** et les assembler selon les indications suivantes, pour obtenir les oreilles « en relief » de l'ours.

(26) Superposer 1 oreille 8invG et 1 oreille 8H, endroit contre endroit et coudre sur la partie arrondie.

(28) Retourner l'assemblage sur l'endroit et bien mettre en forme la pièce arrondie.

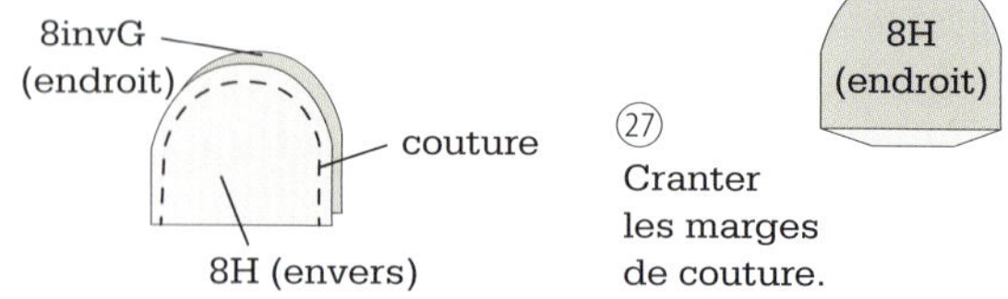

(27) Cranter les marges de couture.

(29) De la même façon, réaliser 1 autre oreille d'ourson.

Sélectionner les **oreilles 9C** et **9I inversées** et les assembler selon les indications suivantes, pour obtenir les oreilles « en relief » du lapin.

(30) Superposer 1 oreille 9invI et 1 oreille 9C, endroit contre endroit, et coudre sur la partie arrondie.

(32) Retourner l'assemblage sur l'endroit et bien mettre en forme la pièce arrondie.

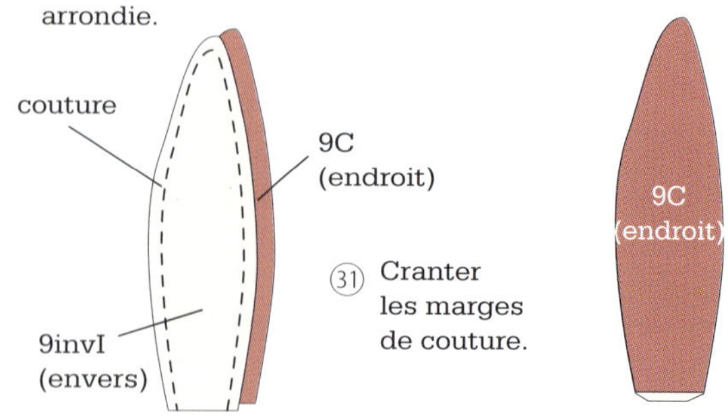

(31) Cranter les marges de couture.

(33) De la même façon, réaliser 1 autre oreille de lapin.

LES APPLIQUÉS

Poser le dessin du bloc (gabarit) sur une table lumineuse. Poser le fond du panneau sur le dessin (endroit vers soi) en s'inspirant de la photo du modèle pour positionner les motifs. Reporter les emplacements des appliqués à l'aide du crayon effaçable à l'eau.
Astuce : Sans table lumineuse, reporter les motifs en fixant le dessin contre une fenêtre.

(34) Reporter les emplacements des appliqués sur le top.

Réaliser les appliqués selon les indications suivantes.

35
Réaliser les appliqués selon la technique de l'appliqué traditionnel, en glissant les oreilles de l'ourson et du lapin sous les têtes appliquées.
Réaliser un petit pli sur le bas des oreilles avant la couture pour donner plus de relief.

Appliquer le centre du ruban du lapin selon les indications suivantes.

36
Appliquer le centre du ruban (lapin) selon la technique de l'appliqué traditionnel en glissant un peu de ouate sous la pièce pour donner plus de relief.

Broder les détails selon les indications suivantes.

37
Reporter les dessins des broderies et broder selon les indications des gabarits, avec le fil noir.

LE MATELASSAGE ET LA BANDE DE FINITION

À l'aide du crayon effaçable à l'eau, reporter les lignes de matelassage sur le panneau en s'inspirant de la photo du modèle ou selon son gré.

Superposer la doublure et le panneau, envers contre envers, en insérant le molleton entre les 2 épaisseurs de tissu, et fixer avec la colle en aérosol.

Matelasser sur les lignes tracées et recouper l'excédent de tissu de doublure et de molleton au ras du panneau.

Sélectionner les **bandes 7F** et les assembler bout à bout pour former une longue bande. Coudre la bande obtenue autour du panneau en alignant les bords bruts, et en formant des angles en onglet dans les coins. Rabattre cette bande de finition sur l'envers et la coudre à points glissés invisibles. Elle doit mesurer 1 cm environ une fois cousue.

Plier l'oreille droite du lapin en s'inspirant de la photo du modèle, et fixer les oreilles en place selon les indications suivantes.

38
Réaliser quelques points glissés invisibles pour fixer les oreilles du lapin.

Coudre un manchon si nécessaire et ajouter une étiquette.

Les dimensions sont données avec une marge de couture de 0,75 cm incluse, sauf indication contraire. Les gabarits sont donnés sans marge de couture.

Sur les schémas et sur les gabarits, les chiffres identifient les pièces, et les lettres identifient les tissus. Les chiffres entourés identifient l'ordre des assemblages.

Coussin

DIMENSIONS

- 21 x 26 cm

LES FOURNITURES

- 25 x 55 cm de tissu rouge imprimé petits motifs : **Tissu A**
- 25 x 55 cm de tissu rouge imprimé pois et traits : **Tissu B**
- Chute de tissu saumon imprimé petites feuilles : **Tissu C**
- Fil à coudre
- Ouate de rembourrage
- Rhodoïd pour gabarits et feutre fin permanent
- Crayon effaçable à l'eau, crayon à papier
- Cutter rotatif, règle et plaque de coupe
- Machine à coudre et matériel de couture

LA MARCHE À SUIVRE

LES GABARITS

Reporter le cœur appliqué (gabarit) sur le Rhodoïd avec le feutre fin permanent et le découper sur le trait sans ajouter de marge de couture.

LA COUPE

Dans le tissu A, couper :

- 1 **rectangle 1** de 16,5 x 21,5 cm.

Dans le tissu B, couper :

- 2 **bandes 2** de 4,5 x 21,5 cm
- 2 **bandes 3** de 4,5 x 22,5 cm
- 1 **rectangle 4** de 22,5 x 27,5 cm.

Dans le tissu C, couper et préparer le cœur appliqué selon la technique de l'appliqué traditionnel (voir p. 17), en ajoutant une marge de couture.

LA PRÉPARATION DE L'APPLIQUÉ

Sélectionner le cœur et replier les marges de couture tout autour de la pièce sur l'envers du tissu et les bâtir, selon la technique de l'appliqué traditionnel.

LE COUSSIN

Sélectionner les **pièces 1** à **3** et les assembler, selon les indications suivantes, pour former le dessus du coussin.

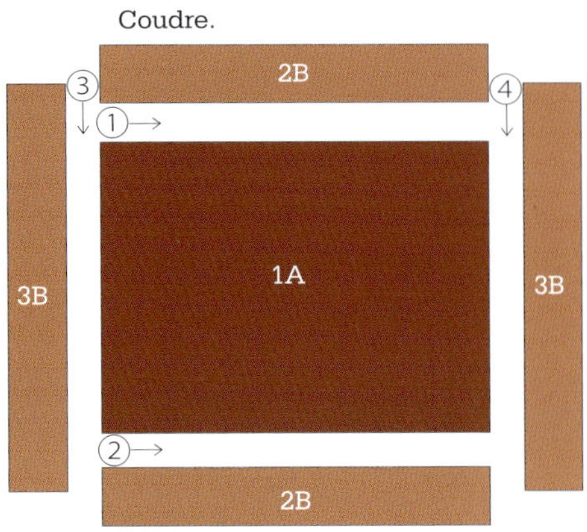

Appliquer le cœur selon les indications suivantes.

⑤ Appliquer le cœur selon la technique de l'appliqué traditionnel.

Superposer le dessus du coussin et le **rectangle 4B**, endroit contre endroit, en alignant les bords bruts et coudre selon les indications suivantes.

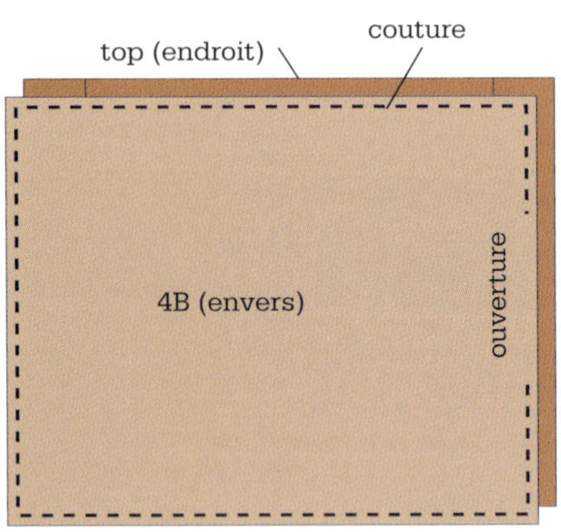

⑥ Coudre tout autour du montage en laissant une ouverture de 10 cm environ sur 1 côté.

Dégarnir les angles et retourner l'ouvrage sur l'endroit par l'ouverture laissée libre. Bien mettre en forme en faisant ressortir les angles et en écrasant les coutures. Repasser. Surpiquer selon les indications suivantes pour former les volants du coussin.

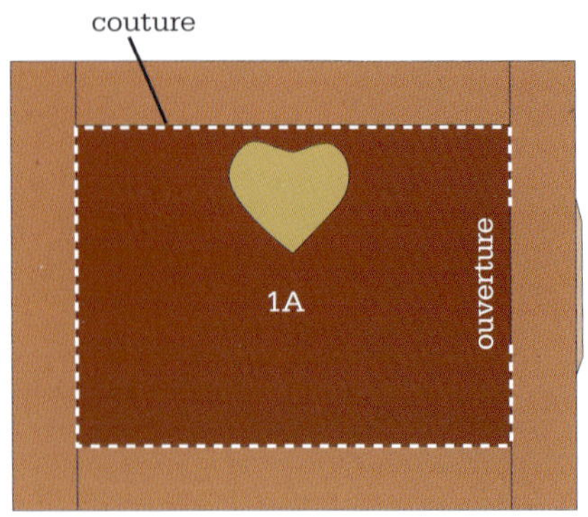

⑦ Surpiquer autour du rectangle 1A en laissant une ouverture en face de l'ouverture précédente.

LE REMBOURRAGE ET LES FINITIONS

Rembourrer le coussin selon les indications suivantes.

⑧ Rembourrer la partie centrale du coussin à l'aide de la ouate, par les ouvertures laissées libres.

Finaliser le coussin selon les indications suivantes.

⑨ Finaliser la surpiqure autour du rectangle 1A, puis fermer l'ouverture sur le bord du coussin à points glissés invisibles.

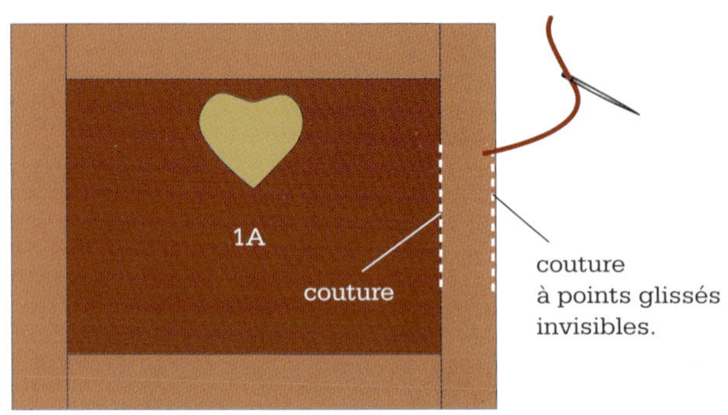

APPLIQUÉ TRADITIONNEL

Préparation des pièces, faufil et application
Il s'agit de la méthode la plus courante, en particulier lorsqu'on utilise des tissus susceptibles de s'effilocher.

Coupe : couper les pièces dans les tissus choisis en ajoutant une marge de couture tout autour.

Préparation : rabattre les marges de couture sur l'envers et les bâtir tout autour du motif.

Réalisation des courbes : pour les courbes rentrantes, fendre les marges à intervalles réguliers. Pour les courbes convexes, couper de petits triangles de tissu dans la marge de couture pour éviter les surépaisseurs.
Bâtir les marges de couture.

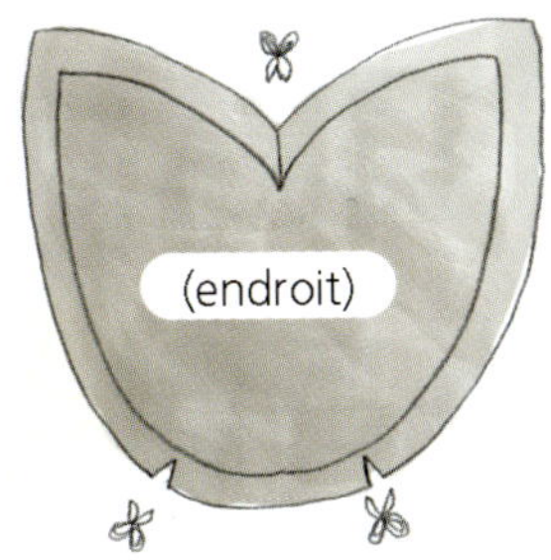

Couper des petits triangles.

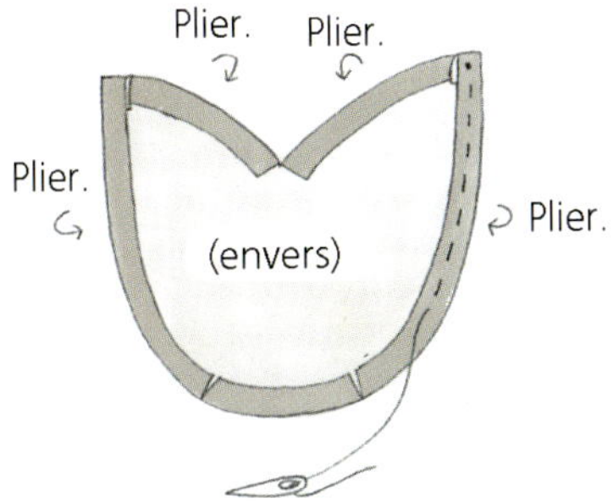

Bâtir à la main.

Réalisation des angles : dans les pointes, plier la marge de couture de la pointe vers le bas, puis plier un côté et l'autre. Maintenir le tissu en bâtissant avec précision. Dans les angles rentrants, fendre les marges et les bâtir sous la pièce.

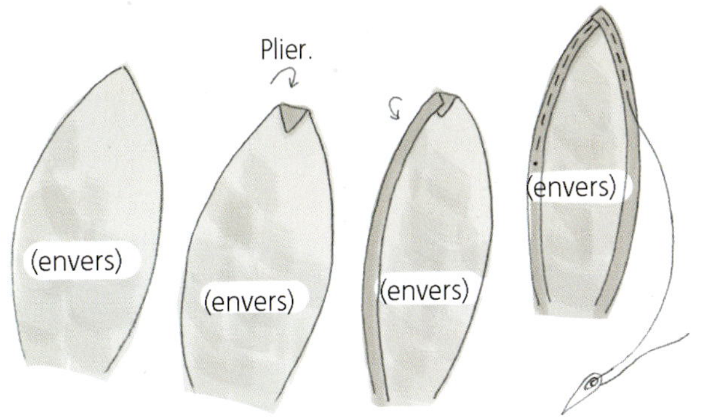

Bâtir à la main

Point d'appliqué : faire sortir l'aiguille vers le haut dans le pli de la marge de couture de la pièce à appliquer.
Piquer ensuite l'aiguille dans le tissu de fond juste en face de l'endroit où elle est sortie et légèrement sous la pièce à appliquer.
Faire avancer l'aiguille de 0,3 cm sous le tissu de fond. Ressortir à nouveau l'aiguille vers le haut dans le pli de la marge de couture et continuer ainsi tout autour de la pièce.

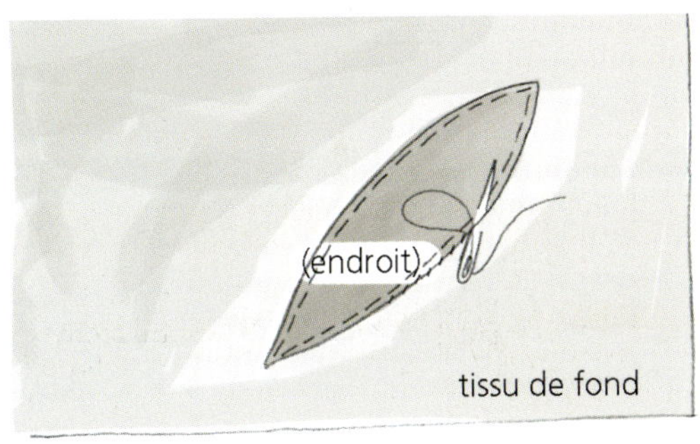

Coeurs à prendre

Gabarits encart B

Les dimensions sont données avec une marge de couture de 0,75 cm incluse, sauf indication contraire. Les gabarits sont donnés sans marge de couture.

Cahier

DIMENSIONS

- 36 x 37 cm

LES FOURNITURES

- 25 x 55 cm de tissu vert imprimé petites fleurs rouges : **Tissu A**
- 25 x 55 cm de tissu beige imprimé petits motifs : **Tissu B**
- 25 x 55 cm de tissu beige imprimé petits motifs : **Tissu C**
- 10 x 10 cm de tissu rose imprimé petites fleurs : **Tissu D**
- 10 x 10 cm de tissu rose imprimé petites feuilles : **Tissu E**
- 45 x 55 cm de tissu rouge imprimé petits motifs : **Tissu F**
- 45 x 55 cm de tissu rouge imprimé pois et traits : **Tissu G**
- 10 x 55 cm de tissu vert foncé imprimé pois et traits : **Tissu H**
- 20 x 110 cm de tissu vert foncé imprimé petits motifs : **Tissu I**
- 40 x 110 cm de tissu vert clair imprimé petites fleurs : **Tissu J**
- 45 x 55 cm de tissu vert clair imprimé petites feuilles : **Tissu K**
- 70 x 140 cm de coton blanc cassé molletonné : **Tissu L**
- 40 x 75 cm de molleton
- Fil à coudre
- Fil à quilter
- Fils à broder de coloris rouge, vert foncé et rose
- Aiguille à broder
- 2 rubans de 20 cm de longueur (liens)
- Rhodoïd pour gabarits et feutre fin permanent
- Voile thermocollant double face
- Ciseaux cranteurs
- Crayon effaçable à l'eau, crayon à papier
- Colle en aérosol
- Cutter rotatif, règle et plaque de coupe
- Machine à coudre et matériel de couture

Sur les schémas et sur les gabarits, les chiffres identifient les pièces, et les lettres identifient les tissus. Les chiffres entourés identifient l'ordre des assemblages.

LA MARCHE À SUIVRE

LES GABARITS

Reporter le contour des **pièces 1** à **5** (gabarits) sur le Rhodoïd avec le feutre fin permanent. Ajouter une marge de couture de 0,75 cm tout autour des pièces et les découper sur le trait extérieur.

Ellen Remijnse pour EQP Textiles

LA COUPE

Dans le tissu A, couper :

- 8 **triangles 1**.

Dans le tissu B, couper :

- 4 **carrés 2**
- 4 **rectangles 4**.

Dans le tissu C, couper :

- 4 **triangles 3**.

Dans chacun des tissus F et G, couper :

- 1 **rectangle 8** de 36,5 x 41,5 cm.

Dans le tissu I, couper :

- 3 **bandes 9** de 4 cm de large dans la largeur totale du tissu.

Dans le tissu J, couper :

- 1 **carré 5**
- 1 **rectangle 7** de 40 x 75 cm (ce rectangle est coupé plus grand que nécessaire et est recoupé une fois le matelassage réalisé).

Dans le tissu K, couper :

- 1 **carré 6** de 36,5 x 36,5 cm.

Dans le tissu L, couper :

- 4 **rectangles 10** de 33,5 x 68,5 cm en utilisant les ciseaux cranteurs.

Préparer et couper les appliqués suivants, selon la technique de l'appliqué thermocollé (voir p. 25), sans ajouter de marge de couture :

- 2 **petits cœurs** dans le **tissu D** et dans le **tissu E**
- 2 **grands cœurs** dans le **tissu F** et dans le **tissu G**
- 2 **tiges** dans le **tissu H** et dans le **tissu I**
- 4 **feuilles 1** dans le **tissu H**
- 4 **feuilles 2** dans le **tissu I**.

LE DEVANT DU CAHIER

Sélectionner 2 **triangles 1A**, 1 **carré 2B** et 1 **triangle 3C** et les assembler selon les indications suivantes pour former 1 **bloc 1**.

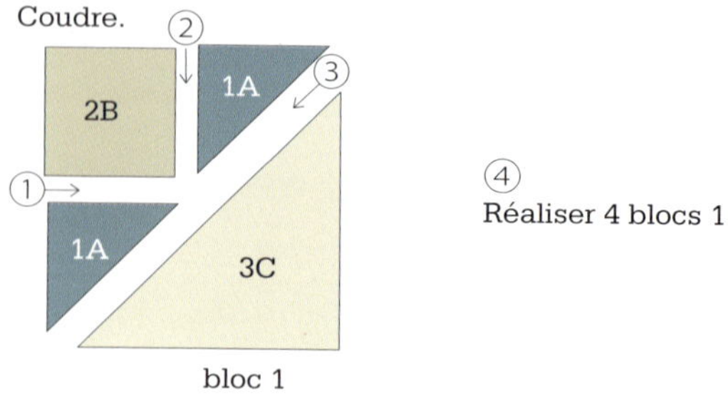

Sélectionner les 4 **rectangles 4B** et les 4 **tiges** appliquées. Oter les papiers de protection sous les tiges et les placer sur les **rectangles 4B** selon les indications suivantes. Fixer les pièces au fer chaud et broder les contours selon les indications suivantes.

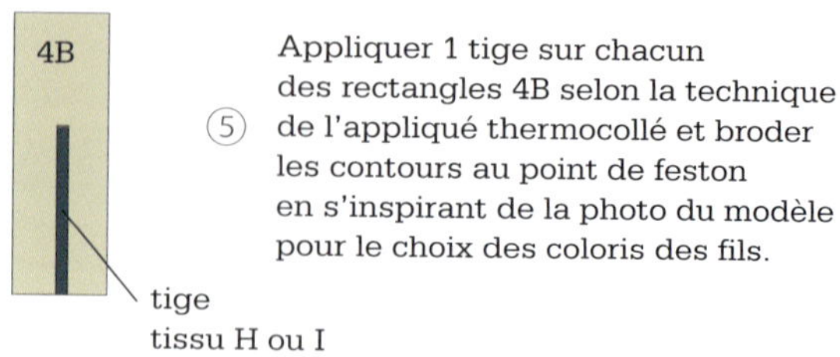

Assembler les **blocs 1** et les **rectangles 4B** selon les indications suivantes en ajoutant le **carré 5J** au centre de l'assemblage.

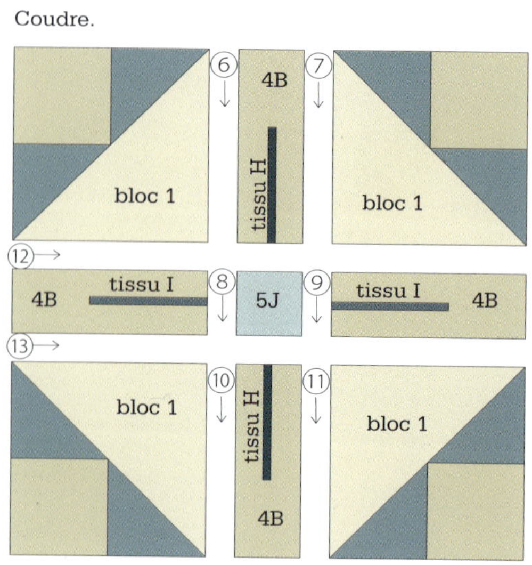

Réaliser les appliqués selon les indications suivantes, pour finaliser le devant du cahier.

⑭ Appliquer les cœurs et les feuilles selon la technique de l'appliqué thermocollé et broder les contours au point de feston en s'inspirant de la photo du modèle pour le choix des coloris des fils.

devant du cahier

LE CORPS DU CAHIER

Coudre le **carré 6K** à gauche du devant du cahier, selon les indications suivantes.

Coudre.

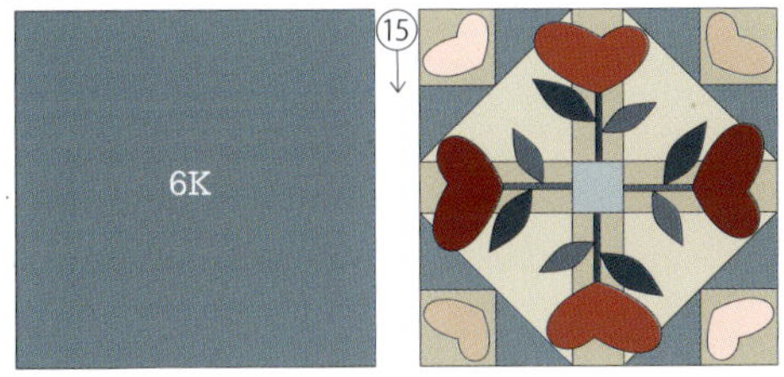

À l'aide du crayon effaçable à l'eau, reporter les lignes de matelassage sur le panneau en s'inspirant de la photo du modèle ou selon son gré.

Superposer le **rectangle 7J** et le panneau, envers contre envers, en insérant le molleton entre les 2 épaisseurs de tissu, et fixer avec la colle en aérosol.

Matelasser sur les lignes tracées et recouper l'excédent de **tissu J** et de molleton au ras du panneau.

⑯ Matelasser les 3 épaisseurs.

LES POCHES

Sélectionner les 2 **rectangles 8** coupés dans les **tissus F** et **G** et réaliser les poches selon les indications suivantes. Fixer les 2 poches obtenues sur le **rectangle 7J** (intérieur du cahier) selon les indications suivantes.

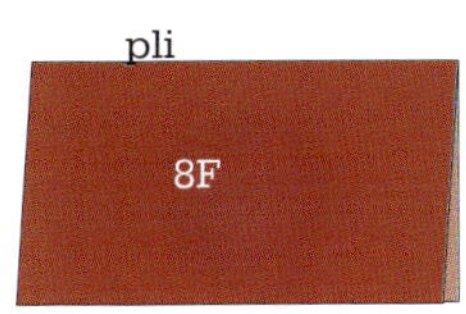

⑰ Plier le rectangle 8F en deux (envers contre envers) pour obtenir 1 rectangle de 36,5 x 20,75 cm.

⑱ Plier le rectangle 8G de la même façon.

(19) Placer les 2 poches obtenues sur le dos du top (intérieur du « cahier ») en alignant les bords bruts. Coudre à 0,5 cm des bords pour les maintenir en place.

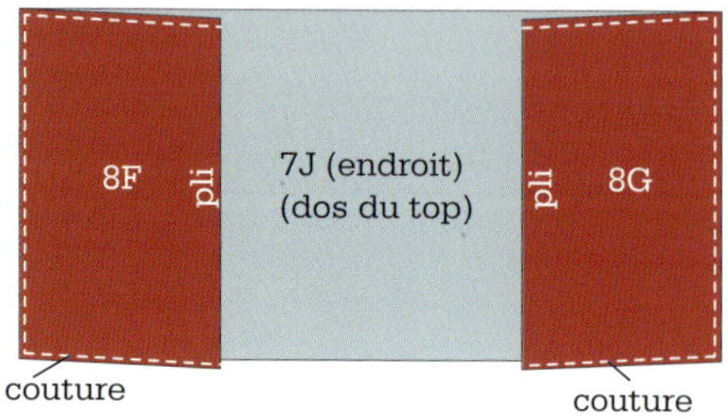

LA BANDE DE FINITIONS

Sur une extrémité de chacun des rubans, réaliser un ourlet de 0,75 cm. Placer les liens selon les indications suivantes en les centrant sur les poches et en alignant les bords bruts.

(20) Placer les liens (rubans) sur les côtés en centrant les extrémités sur la hauteur du « cahier » et les épingler.

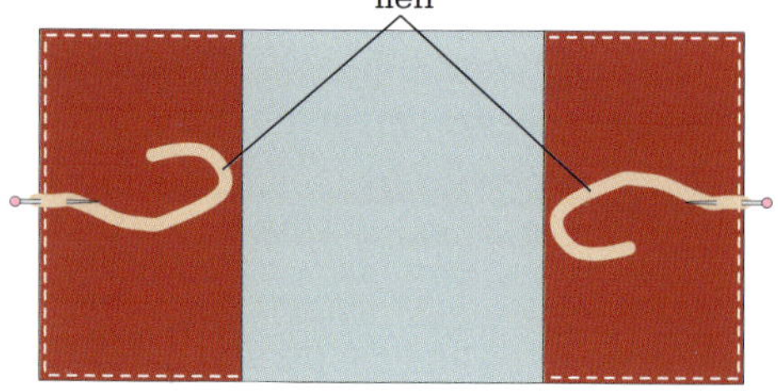

Sélectionner les **bandes 9H** et les assembler bout à bout pour former une longue bande. Coudre la bande obtenue autour du top en alignant les bords bruts, et en formant des angles en onglet dans les coins. Rabattre cette bande de finition sur l'intérieur du cahier et la coudre à points glissés invisibles. Elle doit mesurer 1 cm environ une fois cousue.

(21) Coudre la bande de finition 9I autour de l'ouvrage.

LES PAGES DU CAHIER

Superposer les 4 **rectangles 10L** en alignant les bords bruts et les placer à l'intérieur du cahier en les centrant. Les épingler et coudre sur le milieu (charnière du cahier) selon les indications suivantes.

(22) Coudre les pages 10L à l'intérieur du « cahier » en piquant toutes les épaisseurs.

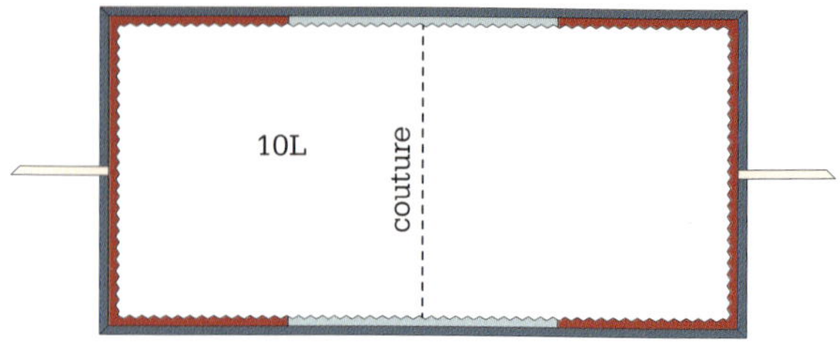

LES FINITIONS

Les pages permettent de ranger les blocs de patchwork, au fur et à mesure de la réalisation d'un ouvrage. Pour les maintenir dans le cahier, nouer les liens en formant une jolie boucle.

Les dimensions sont données avec une marge de couture de 0,75 cm incluse, sauf indication contraire. Les gabarits sont donnés sans marge de couture.

Coussin

DIMENSIONS

- 8 x 16 cm

LES FOURNITURES

- 15 x 25 cm de tissu blanc cassé imprimé petites feuilles : **Tissu A**
- 10 x 25 cm de tissu vert foncé imprimé petits motifs : **Tissu B**
- Chute de tissu rouge imprimé petits motifs : **Tissu C**
- Fil à coudre
- Coton à broder rouge
- Aiguille à broder
- 36 cm de dentelle
- Ouate de rembourrage blanc cassé de 1,5 cm de large
- 1 bouton en bois de 1 cm de diamètre
- Rhodoïd pour gabarits et feutre fin permanent
- Crayon effaçable à l'eau, crayon à papier
- Cutter rotatif, règle et plaque de coupe
- Machine à coudre et matériel de couture

Sur les schémas et sur les gabarits, les chiffres identifient les pièces, et les lettres identifient les tissus. Les chiffres entourés identifient l'ordre des assemblages.

LA MARCHE À SUIVRE

LES GABARITS

Reporter le contour du **cœur** sur le Rhodoïd avec le feutre fin permanent et le découper sans ajouter de marge.

LA COUPE

Dans le tissu A, couper :

- 1 **rectangle 1** de 11,5 x 17,5 cm.

Dans le tissu B, couper :

- 2 **bandes 2** de 4,5 x 17,5 cm

Dans le tissu C, couper :

- 1 **cœur** en ajoutant une marge de couture de 0,75 cm tout autour.

Couper la dentelle en 2 segments de 18 cm de longueur.

LA PRÉPARATION DES APPLIQUÉS

Sélectionner le cœur coupé dans le tissu C. Replier les marges de couture tout autour de la pièce sur l'envers du tissu et les bâtir, selon la technique de l'appliqué traditionnel (voir p. 17).

LE TOP

Assembler 1 **bande 2B** de part et d'autre du **rectangle 1A**, selon les indications suivantes.

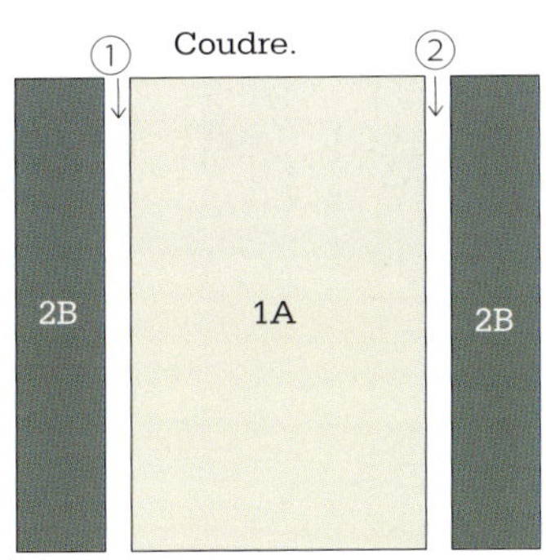

Appliquer la dentelle selon les indications suivantes.

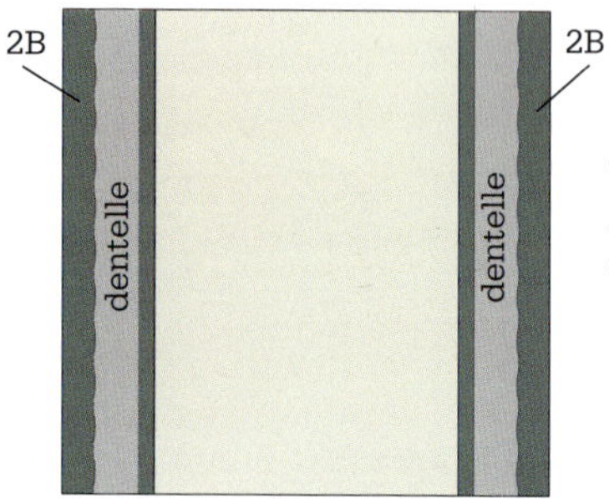

③ Appliquer la dentelle sur les bandes 2B.

Assembler ensuite le **cœur** selon les indications suivantes.

④ Appliquer le cœur selon la technique de l'appliqué traditionnel, en le centrant sur l'assemblage.

Broder les détails et coudre le bouton selon les indications suivantes.

⑤ Avec le fil rouge, broder les détails selon les indications du gabarit et coudre le bouton.

L'ASSEMBLAGE

Plier le top en deux, endroit contre endroit, et coudre selon les indications suivantes.

⑥ Plier l'ouvrage en deux, endroit contre endroit, et coudre le long du bord long.

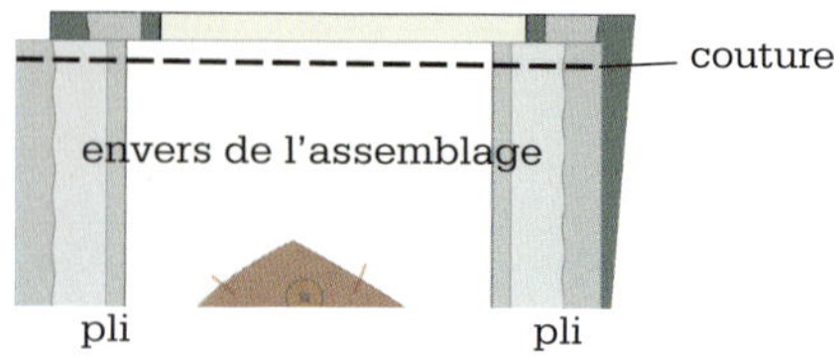

Positionner la couture précédente selon les indications suivantes et coudre les bords courts.

⑦ Positionner la couture sur le milieu du dos de l'ouvrage et coudre sur les bords courts en laissant une ouverture sur l'un des bords.

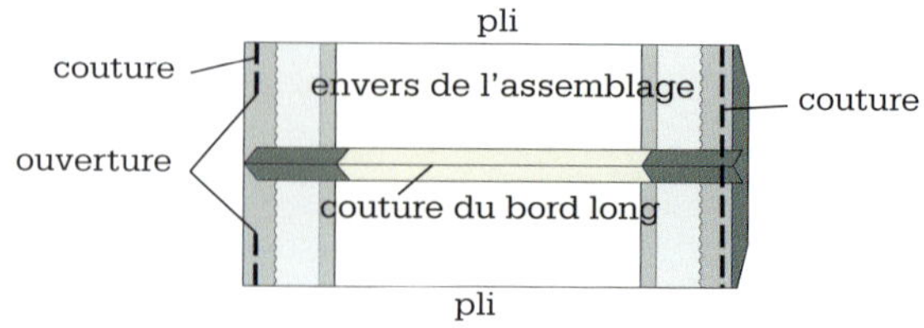

Dégarnir les angles et retourner l'ouvrage sur l'endroit par l'ouverture laissée libre. Bien mettre en forme en faisant ressortir les angles et rembourrer le coussin selon les indications suivantes. Une fois le rembourrage terminé, fermer l'ouverture à points glissés invisibles.

⑧ À l'aide de la ouate, rembourrer fermement le coussin et fermer l'ouverture à points glissés invisibles.

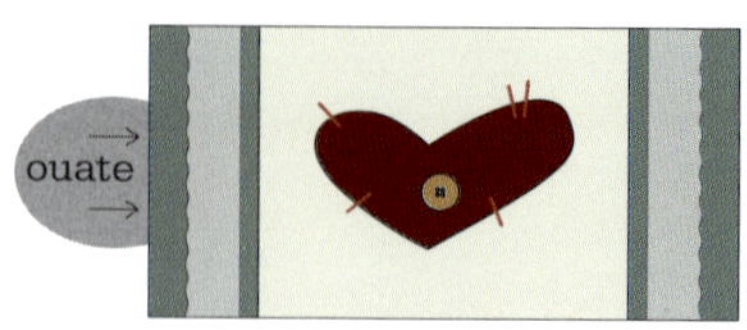

APPLIQUÉ THERMOCOLLÉ

Le Vliesofix est un voile thermocollant double face utilisé pour faire des applications textiles.
La colle se trouve entre 2 papiers protecteurs.

Décalquer le gabarit sur le papier, au dos de la toile thermocollante.

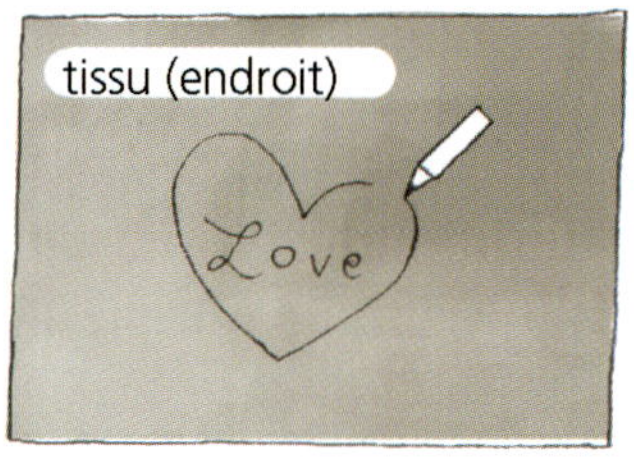

Encoller la toile thermocollante double face sur l'envers du tissu.

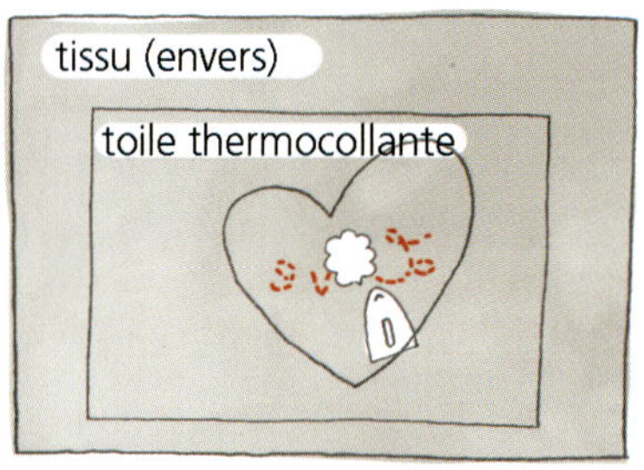

Découper le tissu entoilé sur le trait.

Enlever le 2e papier de protection et disposer la pièce découpée sur le top. Coller en repassant au fer. Broder tout le tour de la pièce au point de feston ou au point d'appliqué.

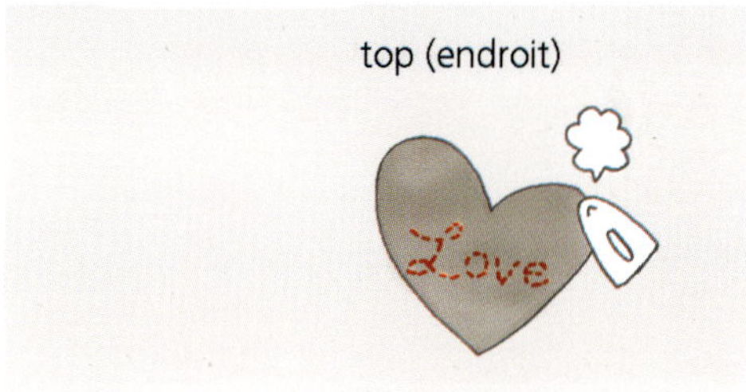

Conseil : avant de commencer l'assemblage, composer le tableau en disposant les différentes pièces de tissu à leur place définitive. Ceci permet de s'assurer que les pièces sont bien coupées, et aussi de visualiser la séquence d'assemblage.

Les points utilisés pour appliquer ces pièces sont variés (points lancés, points de croix, point de chausson...). Le point de feston est plus adapté pour appliquer les pièces coupées à bord brut. Le point de feston surjeté l'est encore davantage et apporte une touche esthétique supplémentaire. L'avantage de l'appliqué thermocollé est qu'il permet de réaliser un travail rapide.

Pillow fun

Gabarits page 32

Les dimensions sont données avec une marge de couture de 0,75 cm incluse, sauf indication contraire. Les gabarits sont donnés sans marge de couture.

Coussin

DIMENSIONS

- 46 x 46 cm

LES FOURNITURES

- 30 x 110 cm de tissu rouge foncé imprimé petits motifs : **Tissu A**
- 25 x 55 cm de 14 tissus imprimés de coloris assortis : **Tissus B**
- 70 x 110 cm de tissu blanc cassé imprimé petites feuilles : **Tissu C**
- 45 x 90 cm de molleton fin ou de tissu coton
- Fil à coudre
- Fil à quilter
- Fil à broder rose
- Aiguille à broder
- 9 boutons de 2 cm de diamètre et 12 boutons de 1 cm de diamètre
- 1 coussin de 45 x 45 cm
- Rhodoïd pour gabarits et feutre fin permanent
- Voile thermocollant double face
- Crayon effaçable à l'eau, crayon à papier
- Cutter rotatif, règle et plaque de coupe
- Machine à coudre et matériel de couture

Sur les schémas et sur les gabarits, les chiffres identifient les pièces, et les lettres identifient les tissus. Les chiffres entourés identifient l'ordre des assemblages.

LA MARCHE À SUIVRE

LES GABARITS

Reporter le contour du **cercle 1** (gabarits) sur le Rhodoïd avec le feutre fin permanent.
Ajouter une marge de couture de 0,75 cm tout autour de la pièce et la découper sur le trait extérieur.
De la même façon, reporter le **carré 2** sur le Rhodoïd et le découper sur le trait, sans ajouter de marge.

LA COUPE

Dans le tissu A, couper :
- 16 **cercles 1**.

Dans les tissus B, couper en variant les coloris des tissus :
- 16 **cercles 1**.

Dans le tissu C, couper :
- 1 **carré 3** de 47,5 x 47,5 cm
- 2 **rectangles 4** de 33 x 47,5 cm.

Dans les tissus B, préparer et couper les pièces suivantes, selon la technique de l'appliqué thermocollé (voir p. 25) sans ajouter de marge, en variant les coloris des tissus :
- 12 fleurs (dans 1 tissu rouge)
- 12 cœurs de fleurs (dans des tissus clairs)
- 4 feuilles et 4 feuilles inversées (dans 1 tissu bleu)
- 4 cœurs de fleur (dans 1 tissu bleu foncé).

Dans le molleton fin, couper :
- 16 carrés de 15 x 15 cm.

Janine Alers pour House of Quilts

LES ASSEMBLAGES RONDS

Sélectionner 1 **cercle 1A**, 1 **cercle 1B** et 1 carré de **molleton** fin.

Superposer les 2 cercles, endroit contre endroit, en alignant les bords bruts et poser l'empilage sur le carré de molleton en le centrant.

Coudre selon les indications suivantes.

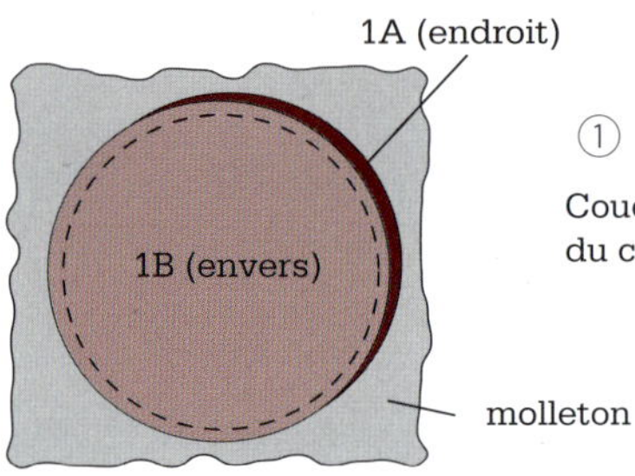

① Coudre tout autour du cercle 1B.

② Recouper l'excédent de molleton au ras de la couture, pour éviter les surépaisseurs et cranter les marges de couture.

Réaliser une fente sur le côté du **tissu B**, selon les indications suivantes et retourner l'ouvrage sur l'endroit.

Reporter le contour du **carré 2** sur le **tissu A** selon les indications suivantes.

③ Sur la face du côté du tissu B, couper 1 fente de 5 cm environ, centrée sur l'assemblage en veillant à ne pas couper le tissu A.

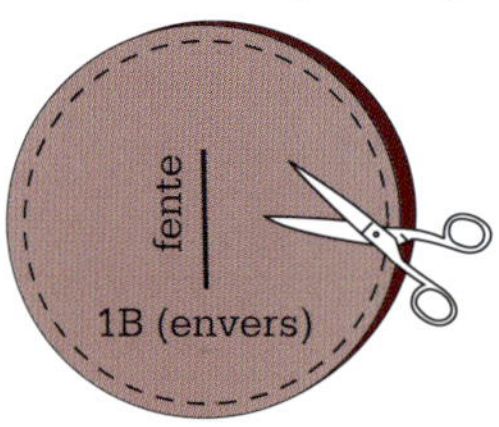

④ Retourner l'ouvrage sur l'endroit par la fente, bien mettre en forme et fermer la fente à points lancés.

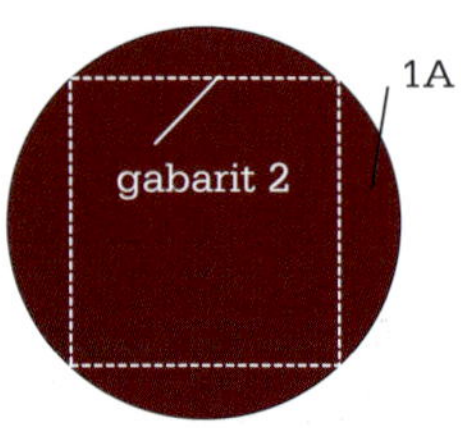

⑤ Sur la face du côté du tissu A, reporter le contour du gabarit 2 à l'aide du crayon blanc.

⑥ De la même façon, réaliser 15 autres assemblages similaires, en variant le coloris du tissu B.

LE PANNEAU

Positionner les 16 assemblages en 4 lignes de 4 blocs en veillant à bien répartir les coloris des **tissus B**.

Une fois la composition satisfaisante, sélectionner les cercles de la ligne supérieure et les assembler selon les indications suivantes.

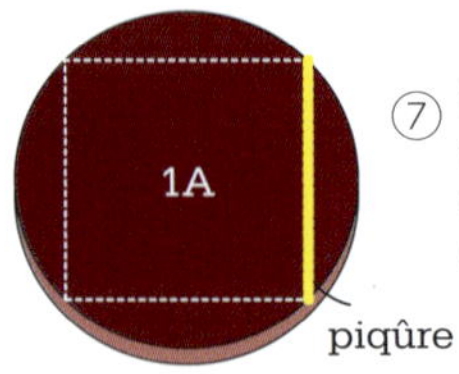

⑦ Superposer 2 assemblages, tissu B contre tissu B, et coudre sur 1 côté du gabarit 2 (ligne jaune sur le schéma).

⑧ De la même façon, assembler 2 autres cercles en ligne.

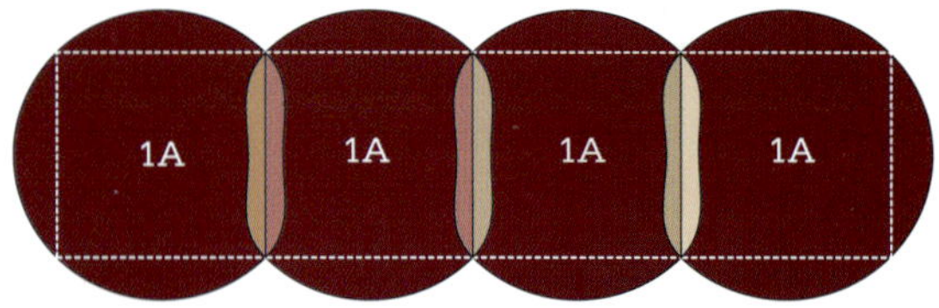

⑨ Rabattre les « demi-lunes » sur le devant de l'assemblage et les coudre au point de feston à la machine pour les maintenir en place.

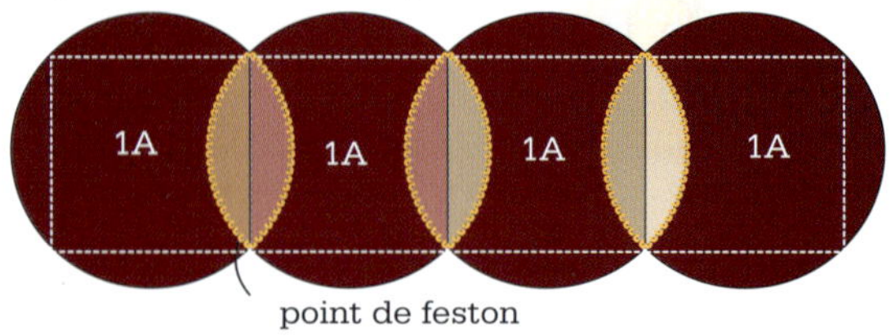

⑩ De la même façon, assembler 3 autres lignes de 4 cercles.

Assembler les 4 lignes obtenues, selon les indications suivantes et broder les « demi-lunes ».

⑪ Sélectionner les 2 lignes supérieures et les surpeposer, tissus B contre tissus B. Coudre sur les lignes horizontales des gabarits 2, sur les 4 cercles.
De la même façon, assembler les 2 autres lignes.

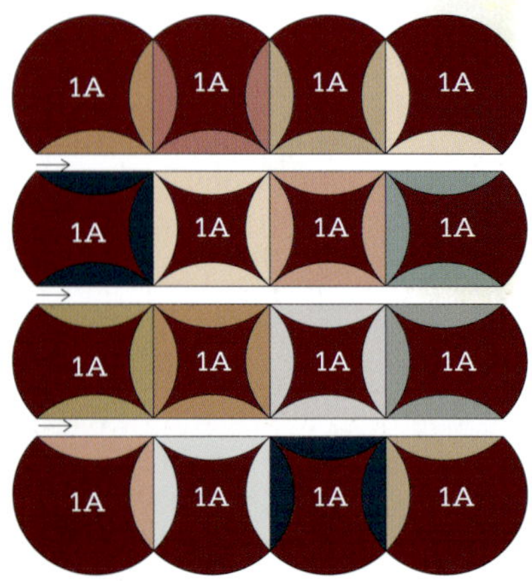

⑫ Rabattre les « demi-lunes » et les appliquer au point de feston à la machine.

LE DESSUS DE LA HOUSSE DE COUSSIN

Sélectionner le **carré 3C** et tracer les 2 diagonales à l'aide du crayon effaçable à l'eau.
Appliquer le panneau sur le **carré 3C** selon les indications suivantes.

⑬ Positionner l'assemblage sur le carré 3C, en le centrant et appliquer les contours au point de feston à la machine.

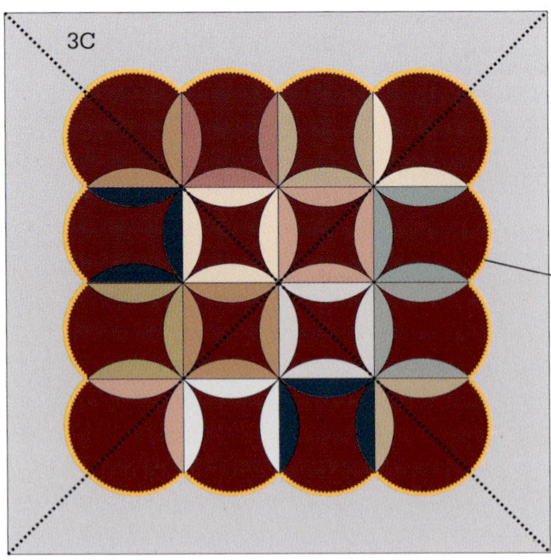

Sélectionner les pièces appliquées et ôter les papiers de protection sous ces pièces. Positionner les pièces sur le contour du **carré 3C** en s'inspirant de la photo du modèle pour les positionner.

Une fois la composition satisfaisante, fixer les pièces au fer chaud et broder les contours selon les indications suivantes.

⑭ Réaliser les appliqués selon la technique de l'appliqué thermocollé et broder les contours des pièces au point de feston, avec le fil rose.

Coudre les boutons selon les indications suivantes.

⑮ Coudre les gros boutons sur le centre de l'assemblage et les petits boutons sur le centre des fleurs.

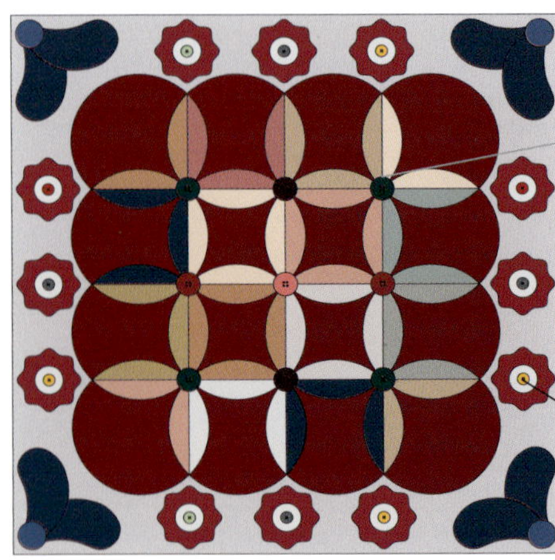

LE DOS DE LA HOUSSE DE COUSSIN

Sélectionner les 2 **rectangles 4C** et réaliser 1 ourlet sur 1 bord long de chacune des 2 pièces de tissu.

⑯ Replier 2 fois 1 cm (sur l'envers) sur un des bords longs du rectangle 4C, pour former un ourlet et repasser.

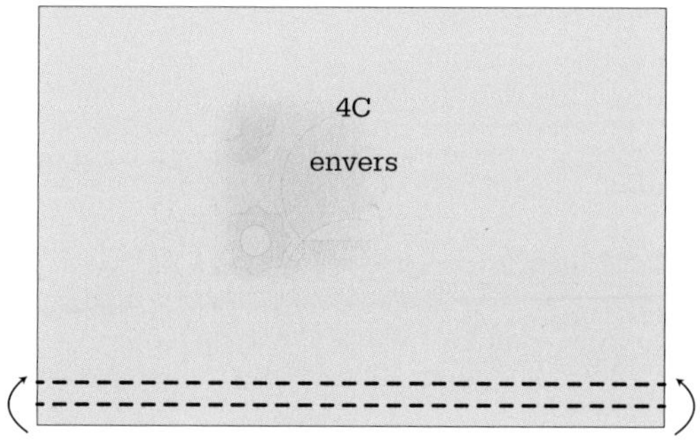

⑰ Coudre.

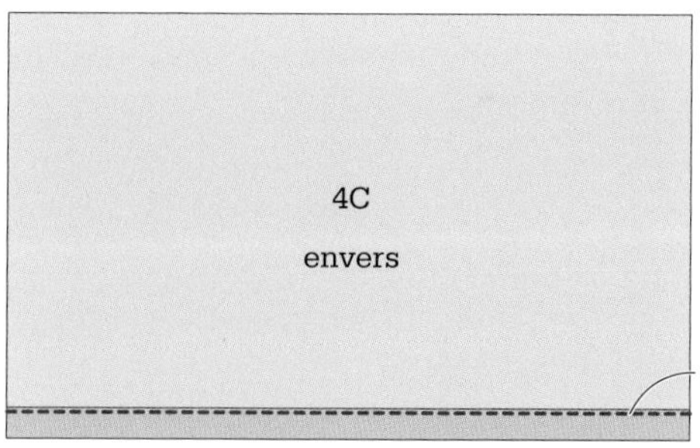

⑱ De la même façon, réaliser un ourlet sur l'autre rectangle 4C.

Préparer le dos de la housse de coussin selon les indications suivantes.

⑲ Positionner les 2 pièces, envers vers soi en les superposant pour obtenir 1 carré de 47,5 x 47,5 cm. Epingler.

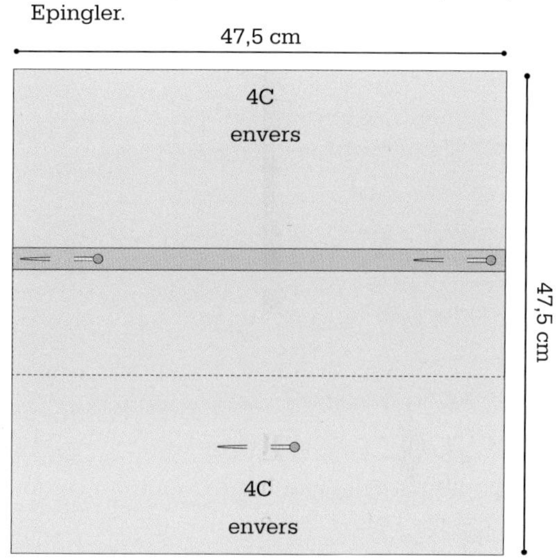

L'ASSEMBLAGE ET LES FINITIONS

Positionner le devant et le dos de la housse de coussin, endroit contre endroit, en alignant les bords bruts. Coudre tout autour.
Dégarnir les angles et surfiler les marges de couture pour éviter tout effilochage des tissus.
Retourner l'ouvrage sur l'endroit et bien mettre en forme en faisant ressortir les angles et en écrasant la couture.
Glisser le coussin dans la housse ainsi obtenue.

COUSSIN

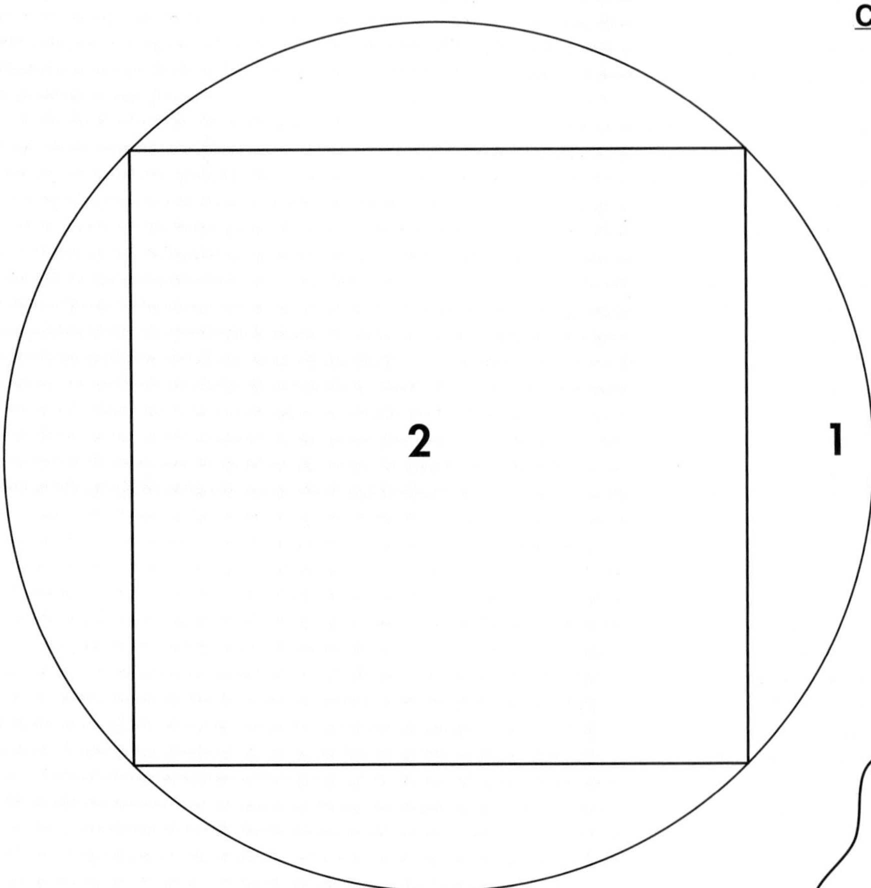

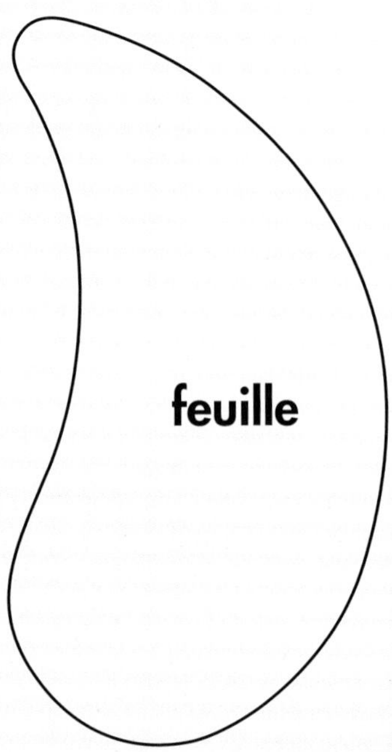

– Gabarits taille réelle –

Les dimensions sont données avec une marge de couture de 0,75 cm incluse, sauf indication contraire. Les gabarits sont donnés sans marge de couture.

Centre de Table

DIMENSIONS

- 30 x 61 cm

LES FOURNITURES

- 25 x 55 cm de 14 tissus imprimés de coloris assortis : **Tissus A**
- 10 x 110 cm de tissu vert foncé imprimé petits motifs : **Tissu B**
- 35 x 60 cm de molleton
- 35 x 60 cm de tissu de doublure
- Fil à coudre
- Fil à quilter
- Fil à broder rose
- Aiguille à broder
- Rhodoïd pour gabarits et feutre fin permanent
- Voile thermocollant double face
- Crayon effaçable à l'eau, crayon à papier
- Cutter rotatif, règle et plaque de coupe
- Machine à coudre et matériel de couture

Sur les schémas et sur les gabarits, les chiffres identifient les pièces, et les lettres identifient les tissus. Les chiffres entourés identifient l'ordre des assemblages.

LA MARCHE À SUIVRE

LES GABARITS

Reporter le contour de la **pièce 3** (gabarits) sur le Rhodoïd avec le feutre fin permanent. Ajouter une marge de couture de 0,75 cm tout autour de la pièce et la découper sur le trait extérieur.

LA COUPE

Dans les tissus A, couper en variant les coloris des tissus :

- 24 **carrés 1** de 9 x 9 cm
- 10 fois 2 **pièces 3** (les 2 **pièces 3** doivent être coupées dans 1 même tissu).

Dans le tissu B, couper :

- 2 **bandes 2** de 6,5 x 31,5 cm.

Dans les tissus A, préparer et couper 24 **cercles** et 24 **cœurs** (gabarits) selon la technique de l'appliqué thermocollé (voir p. 25) sans ajouter de marge, en variant les coloris des tissus.

LES BLOCS

Sélectionner 1 **carré 1**, 1 **cercle** et 1 **cœur** appliqués coupés dans 3 **tissus A** différents. Oter les papiers de protection sous les 2 pièces appliquées.
À l'aide du crayon effaçable, tracer 1 diagonale sur le **carré 1**. Placer le cercle sur le carré en le centrant, puis ajouter le cœur en l'orientant selon la diagonale du **carré 1**.

Fixer les pièces au fer chaud et finaliser le bloc selon les indications suivantes.

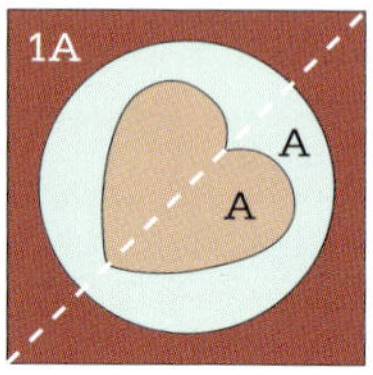

bloc

① Appliquer 1 cercle et 1 cœur sur 1 carré 1A, selon la technique de l'appliqué thermocollé et broder les contours au point de feston avec le fil rose.

② De la même façon, réaliser 23 autres blocs en variant les coloris des tissus A.

LE PANNEAU

Positionner les 24 blocs en 4 lignes de 6 blocs en veillant à bien répartir les coloris et à bien orienter les blocs. Une fois la composition satisfaisante, assembler selon les indications suivantes, pour obtenir le panneau central.

③ Assembler les blocs en 4 lignes de 6 blocs, puis assembler les lignes entre elles.

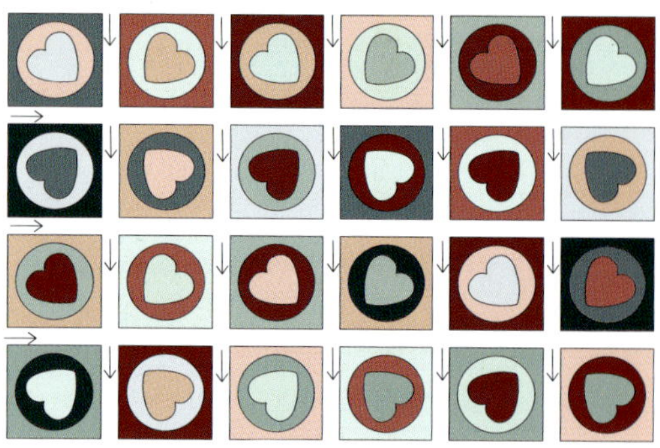

Assembler 1 **bande 2B** de chaque côté du panneau central, selon les indications suivantes.

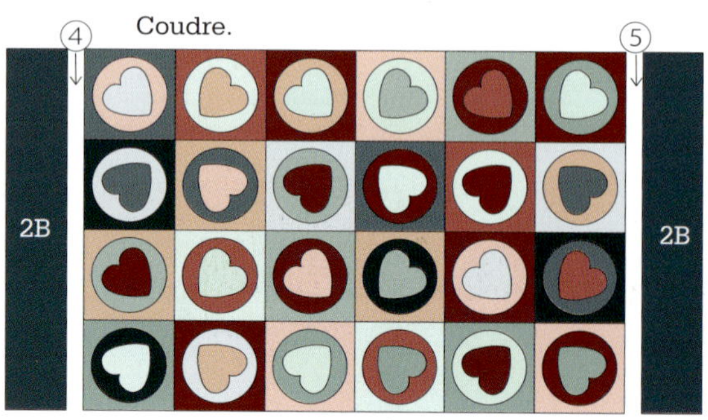

LES BORDS ARRONDIS

Sélectionner 2 **pièces 3** coupées dans un même tissu et les assembler selon les indications suivantes.

⑥ Superposer 2 pièces 3A, endroit contre endroit et coudre sur la partie arrondie.

⑧ Retourner l'assemblage sur l'endroit et bien mettre en forme la pièce arrondie.

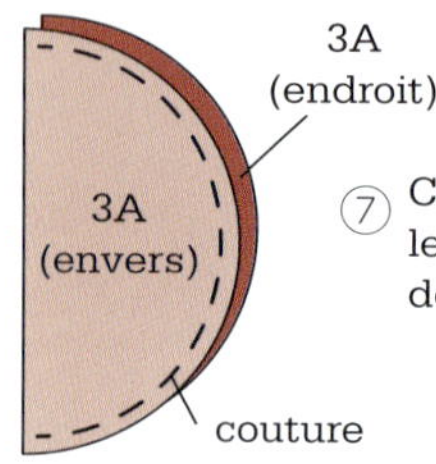

⑦ Cranter les marges de couture.

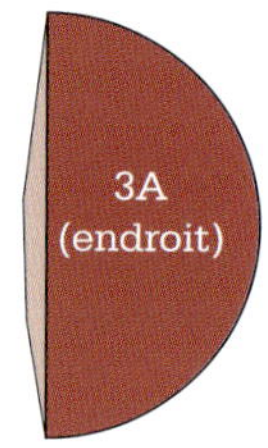

⑨ De la même façon, réaliser 9 autres assemblages en variant les coloris des tissus A.

Placer 5 assemblages sur chacun des bords courts du panneau en alignant les bords bruts, selon les indications suivantes.

⑩ Positionner les assemblages le long des bandes 2B en alignant les bords bruts et les coudre avec une marge de couture de 0,5 cm pour les maintenir en place.

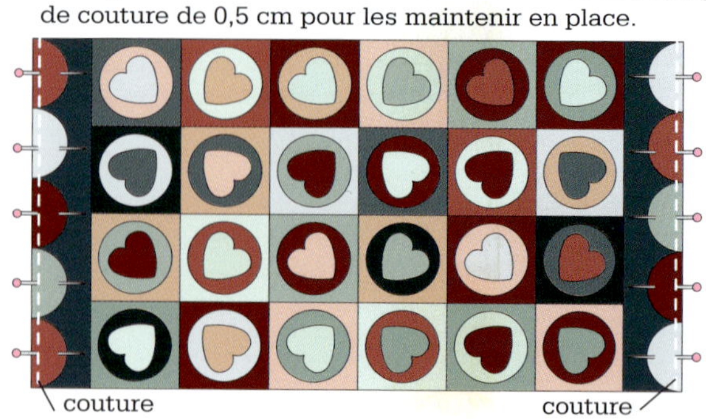

Placer la doublure sur le molleton, envers du tissu côté molleton. Placer le panneau sur l'empilage, endroit contre endroit, en le centrant et épingler. Coudre selon les indications suivantes.

⑪ Coudre tout autour du top en laissant une ouverture libre.

Recouper l'excédent de tissu de doublure et de molleton au ras du panneau. Recouper le molleton au ras de la couture pour éviter les surépaisseurs. Dégarnir les angles et retourner l'ouvrage sur l'endroit par l'ouverture laissée libre.
Bien mettre en forme en faisant ressortir les angles et en écrasant la couture. Finaliser l'assemblage selon les indications suivantes.

⑫ Retourner l'ouvrage sur l'endroit, bien mettre en forme. Fermer l'ouveture à points glissés invisibles et surpiquer tout autour du top.

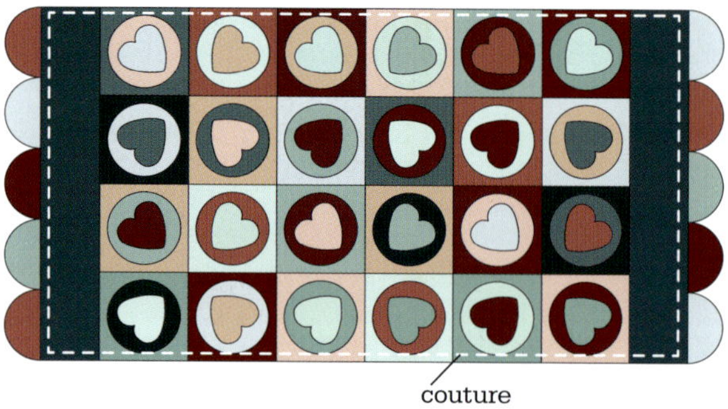

LE MATELASSAGE

Si nécessaire, réaliser un matelassage selon les indications suivantes. À l'aide du crayon effaçable à l'eau, reporter les lignes de matelassage sur le panneau en s'inspirant de la photo du modèle ou selon son gré et matelasser sur les lignes tracées.

Ajouter une étiquette au dos de l'ouvrage.

CENTRE DE TABLE

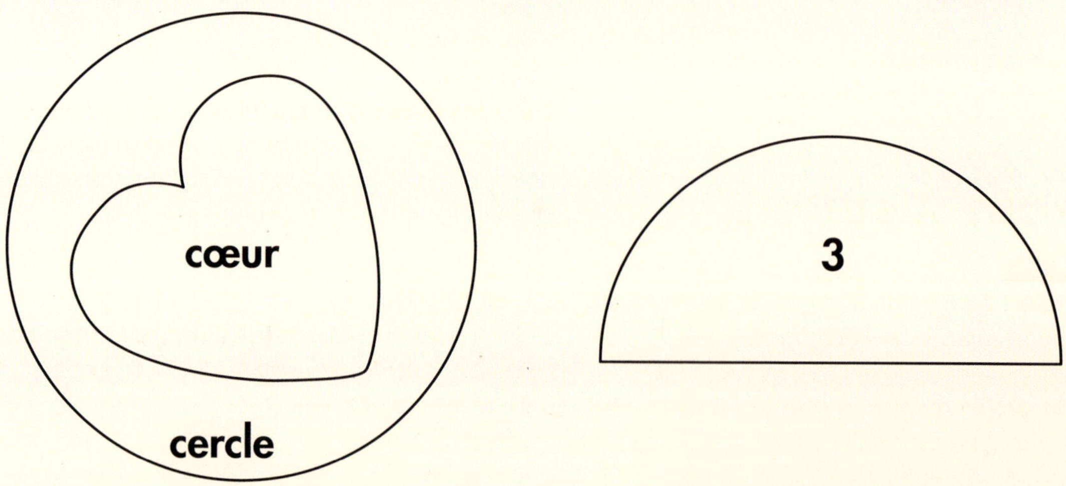

– Gabarits taille réelle –

Les dimensions sont données avec une marge de couture de 0,75 cm incluse, sauf indication contraire. Les gabarits sont donnés sans marge de couture.

Dessous de tasse

DIMENSIONS

- 13 cm de diamètre

LES FOURNITURES POUR 1 DESSOUS DE TASSE

- 15 x 15 cm de tissu imprimé : **Tissu A**
- 20 x 20 cm de tissu imprimé : **Tissu B**
- Chute de 2 tissus imprimés (1 rouge et 1 blanc) : **Tissus C**
- 15 x 15 cm de molleton
- Fil à coudre
- Fil à quilter
- Fil à broder rose
- Aiguille à broder
- Compas
- Rhodoïd pour gabarits et feutre fin permanent
- Voile thermocollant double face
- Crayon effaçable à l'eau, crayon à papier
- Cutter rotatif, règle et plaque de coupe
- Machine à coudre et matériel de couture

Sur les schémas et sur les gabarits, les chiffres identifient les pièces, et les lettres identifient les tissus. Les chiffres entourés identifient l'ordre des assemblages.

LA MARCHE À SUIVRE

LES GABARITS

Reporter 1 **cercle 1** de 6,5 cm de rayon sur le Rhodoïd avec le feutre fin permanent et le compas.
Ajouter une marge de couture de 0,75 cm tout autour de la pièce et la découper sur le trait extérieur.

LA COUPE

Dans le tissu A, couper :
- 1 **cercle 1**.

Dans le tissu B, couper :
- 2 **rectangles 2** de 8 x 15 cm.

Dans les tissus C, préparer et couper 1 **fleur** et 1 **cœur de fleur** (gabarits p. 38) selon la technique de l'appliqué thermocollé (voir p. 25) sans ajouter de marge, en variant les coloris des tissus.

LE DESSUS

Sélectionner le **cercle 1**, **la fleur** et le **cœur de fleur** appliqués. Oter les papiers de protection sous les 2 pièces appliquées.

Placer la fleur sur le **cercle 1** en la centrant, puis ajouter le cœur de fleur en le centrant sur la fleur. Fixer les pièces au fer chaud et finaliser le top selon les indications suivantes.

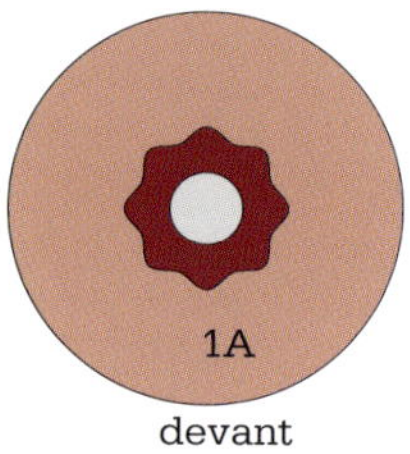

① Appliquer 1 fleur et 1 cœur de fleur sur 1 cercle 1A, selon la technique de l'appliqué thermocollé et broder les contours au point de feston avec le fil rose.

LA DOUBLURE

Sélectionner les 2 **rectangles 2B** et les assembler, endroit contre endroit, selon les indications suivantes en laissant une ouverture au milieu de la couture.

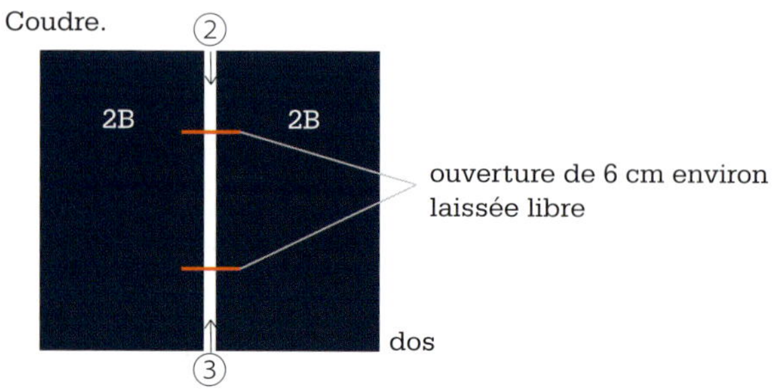

LES FINITIONS

Placer la doublure sur le molleton, envers du tissu côté molleton. Placer le top sur l'empilage, endroit contre endroit, en le centrant et épingler.
Coudre selon les indications suivantes.

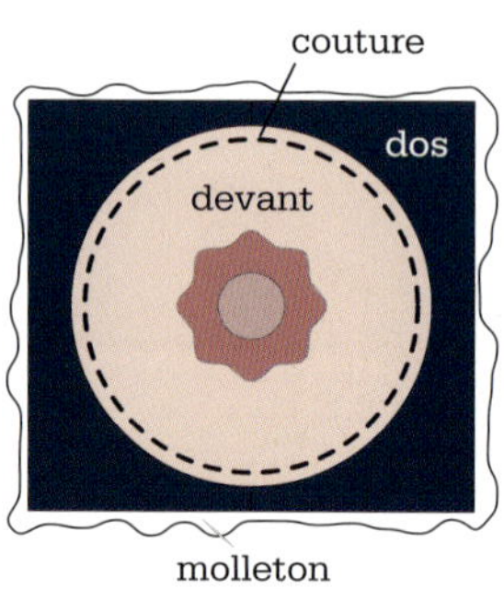

④ Coudre tout autour du devant du dessous de tasse.

Recouper l'excédent de tissu de doublure et de molleton au ras du top. Recouper le molleton au ras de la couture pour éviter les surépaisseurs. Cranter les marges de couture et retourner l'ouvrage sur l'endroit par l'ouverture laissée libre au milieu de la doublure.
Bien mettre en forme en écrasant la couture.
Finaliser l'assemblage selon les indications suivantes.

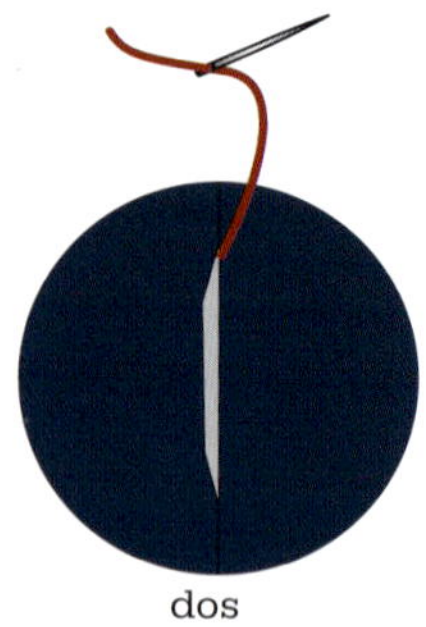

⑤ Au dos de l'ouvrage, fermer l'ouverture à point glissés invisibles.

LE MATELASSAGE

Réaliser un matelassage autour de la **fleur** appliquée.

DESSOUS DE TASSE

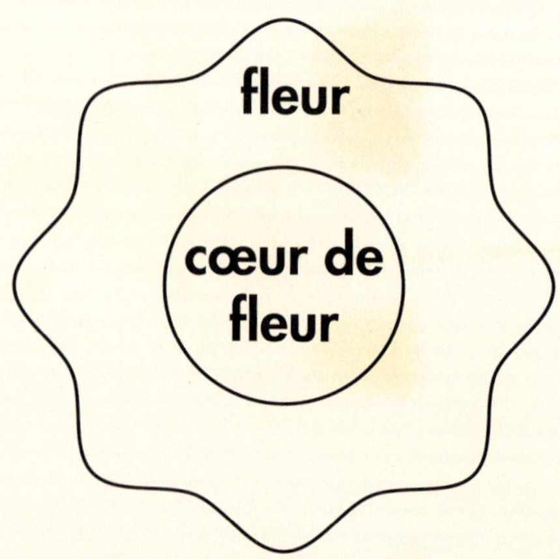

– Gabarits taille réelle –

Quilt fleuri

Ellen Remijnse pour EQP Textiles

Gabarits pages 44-45

Les dimensions sont données avec une marge de couture de 0,75 cm incluse, sauf indication contraire. Les gabarits sont donnés sans marge de couture.

DIMENSIONS

- 112 x 112 cm

LES FOURNITURES

- 55 x 110 cm de tissu blanc cassé : **Tissu A**
- 45 x 55 cm de 7 tissus imprimés dans des coloris rouge, orange et jaune : **Tissus B**
- 45 x 55 cm de 4 tissus imprimés dans des coloris verts : **Tissus C**
- 100 x 110 cm de tissu beige imprimé petits motifs : **Tissu D**
- 45 x 55 cm de 2 tissus vert foncé imprimés petits motifs : **Tissus E**
- 45 x 55 cm de tissu blanc cassé imprimé petites feuilles : **Tissu F**
- 30 x 110 cm de tissu vert foncé imprimé petits motifs : **Tissu G**
- 120 x 120 cm de molleton
- 120 x 120 cm de tissu de doublure
- Fil à coudre
- Fil à quilter
- Rhodoïd pour gabarits et feutre fin permanent
- Bristol fin
- 1 appareil à biais de 12 mm de large (fini)
- Crayon effaçable à l'eau, crayon à papier
- Colle en aérosol
- Cutter rotatif, règle et plaque de coupe
- Machine à coudre et matériel de couture

Sur les schémas et sur les gabarits, les chiffres identifient les pièces, et les lettres identifient les tissus. Les chiffres entourés identifient l'ordre des assemblages.

LA MARCHE À SUIVRE

LES GABARITS

Reporter le contour des **pièces 1** à **8** (gabarits) sur le Rhodoïd avec le feutre fin permanent. Ajouter une marge de couture de 0,75 cm tout autour des pièces et les découper sur le trait extérieur.

De la même façon, reporter le contour du **cercle 7** sur le Rhodoïd et le découper sans ajouter de marge. Reporter ce gabarit sur le Bristol fin et le découper sur la ligne tracée, sans ajouter de marge.

LA COUPE

Dans le tissu A, couper :

- 27 **carrés 2**
- 18 **triangles 3**
- 18 **triangles 4**
- 9 **carrés 5**.

Dans les tissus B, couper en variant les coloris des tissus :

- 12 **bandes 10** de 6,5 x 31,5 cm.

Dans les tissus C, couper en variant les coloris des tissus :

- 12 **bandes 10** de 6,5 x 31,5 cm.

Dans les tissus B et C, couper en variant les coloris des tissus :

- 9 fois 3 **pièces 1** et 9 fois 3 **pièces 1 inversées** (les 6 pièces doivent être coupées dans 1 même tissu)
- 9 **cercles 7**.

Dans le tissu D, couper :

- 36 **triangles 6**.

Dans les tissus E, couper :

- 9 **feuilles 8** dans 1 **tissu E**
- 9 **feuilles 8** dans le second **tissu E**
- 2 **bandes 9** de 2,5 cm de large dans la largeur totale du tissu, dans 1 **tissu E**.

Dans le tissu F, couper :

- 16 **carrés 11** de 6,5 x 6,5 cm.

Dans le tissu G, couper :

- 5 **bandes 12** de 4 cm de large dans la largeur totale du tissu.

LA PRÉPARATION DES APPLIQUÉS

Sélectionner les **feuilles 8**. Replier les marges de couture tout autour des pièces sur l'envers du tissu et les bâtir, selon la technique de l'appliqué traditionnel (voir p. 17).
Glisser 1 **bande 9E** dans l'appareil à biais et repasser le tissu pour obtenir les tiges des fleurs. Préparer la seconde bande de la même façon.
Dans les 2 bandes obtenues, recouper 9 **tiges 9** de 14,5 cm de longueur.

Sélectionner les **cercles 7** et le gabarit en Bristol fin. Préparer les cercles selon les indications suivantes, pour obtenir les cœurs des fleurs.

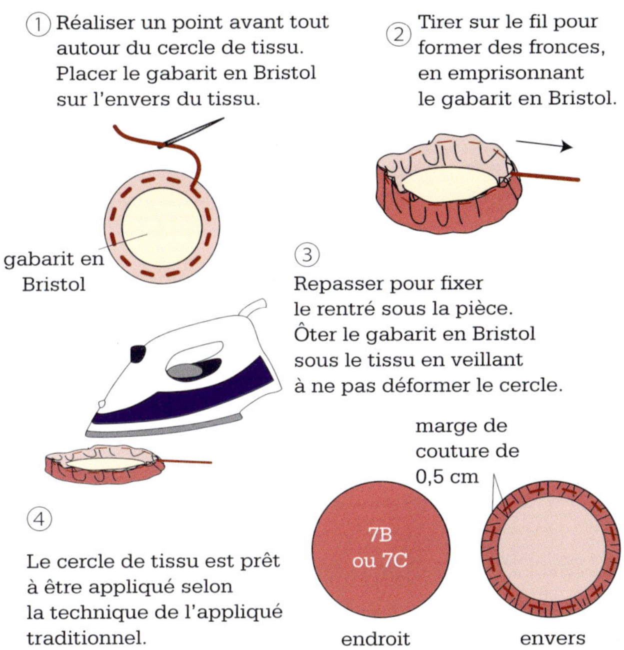

LES BLOCS FLEUR

Sélectionner les pièces d'un bloc fleur :

- 3 **pièces 1** et 3 **pièces 1 inversées** (coupées dans un même **tissu B** ou **C**)
- 3 **carrés 2A**, 2 **triangles 3A**, 2 **triangles 4A** et 1 **carré 5A**
- 4 **triangles 6D**
- 1 **cercle 7B** ou **7C**
- 1 **feuille 8** coupée dans chacun des **tissus E** (soit 2 feuilles)
- 1 **tige 9E**.

Astuce : Pour faciliter l'assemblage des fleurs ne pas coudre sur les marges de couture lors des montages et arrêter les coutures dans les angles des pièces finies.

Commencer par assembler les **pétales 1** et **1 inversés** avec les **triangles 3**, selon les indications suivantes.

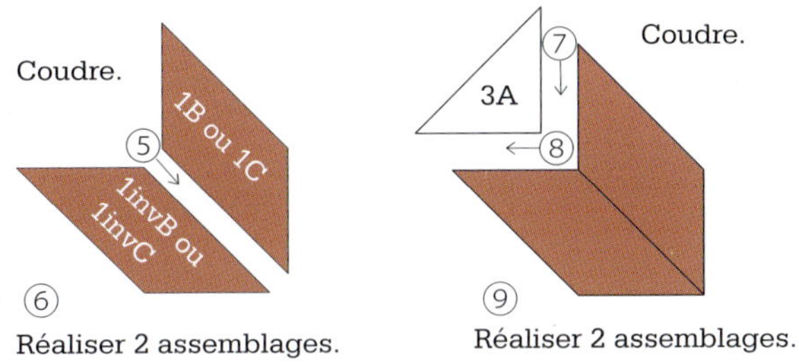

Assembler ensuite les pétales restants avec les **triangles 4**, selon les indications suivantes.

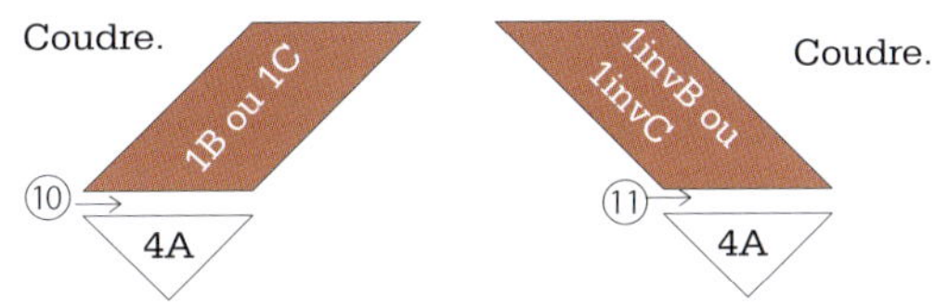

Assembler la fleur selon les indications suivantes.

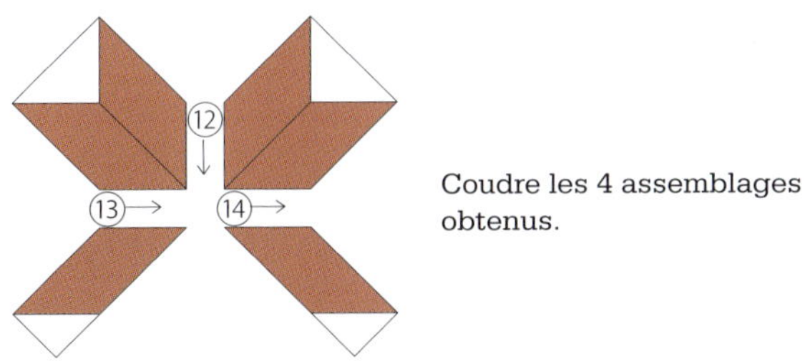

Ajouter les **carrés 2** et **5** dans les angles du montage, selon les indications suivantes.

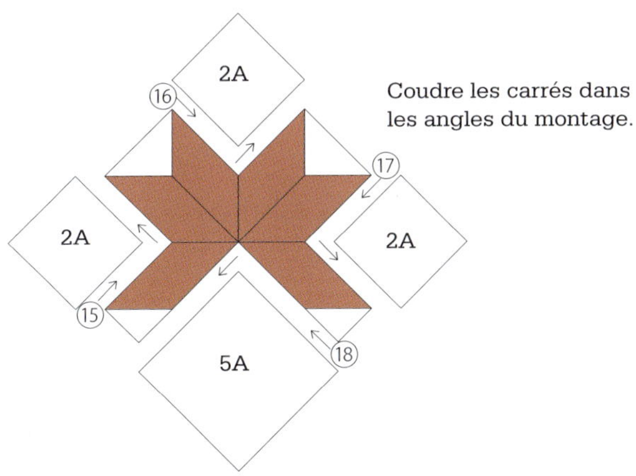

Appliquer la **tige 9** selon les indications suivantes.

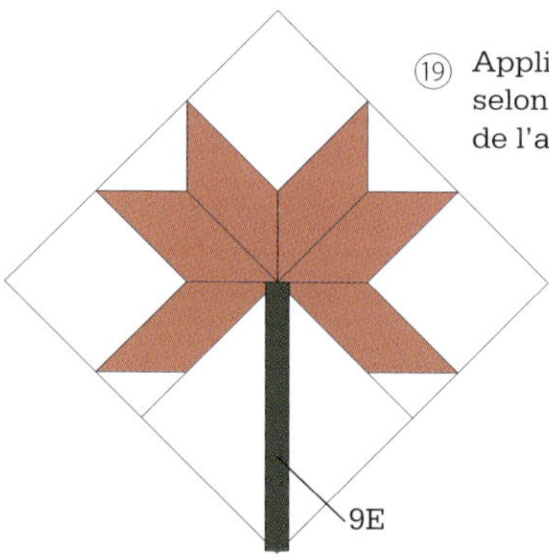

(19) Appliquer 1 bande 9E selon la technique de l'appliqué traditionnel.

Ajouter les **triangles 6** dans les angles du montage, selon les indications suivantes.

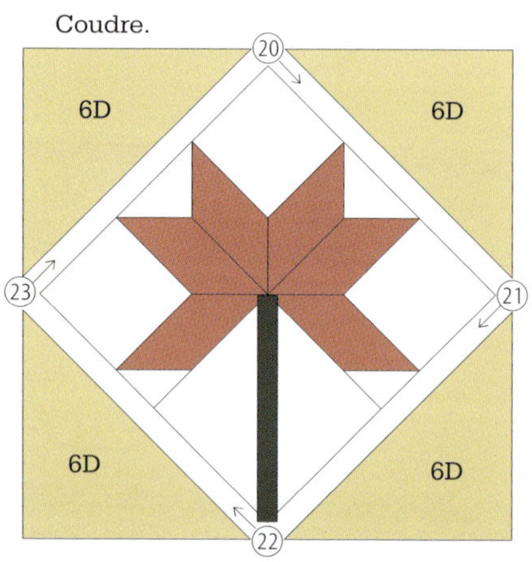

Appliquer le **cercle 7** et les **feuilles 8** selon les indications suivantes, pour obtenir 1 **bloc 1a**.

(24) Appliquer le cœur de la fleur et les feuilles selon la technique de l'appliqué traditionnel.

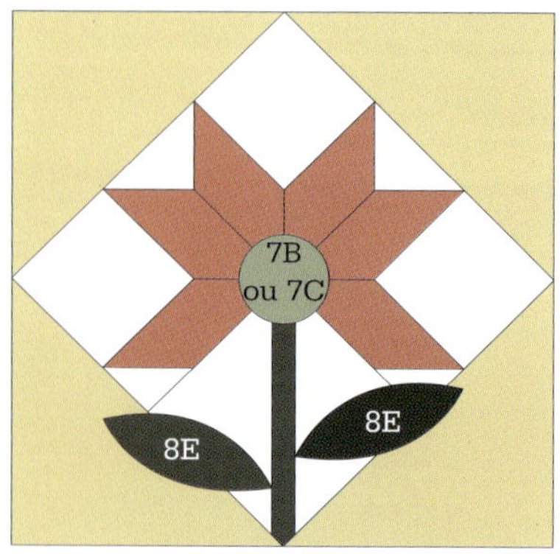

bloc 1a

L'ouvrage est réalisé avec 2 blocs différents.

(25) Les blocs de l'ouvrage sont légèrement différents de par le positionnement des feuilles 8. Réaliser 5 blocs 1A et 4 blocs 1b.

bloc 1a

bloc 1b

LE PANNEAU

Positionner les **blocs 1a** et **1 b** en 3 lignes de 3 blocs et ajouter les **bandes 10** et les **carrés 11**, selon les indications suivantes en répartissant les coloris des blocs et des **bandes 10**. Une fois la composition satisfaisante, assembler pour former le panneau.

(26) Coudre les blocs et les pièces en lignes, puis assembler les lignes entre elles.

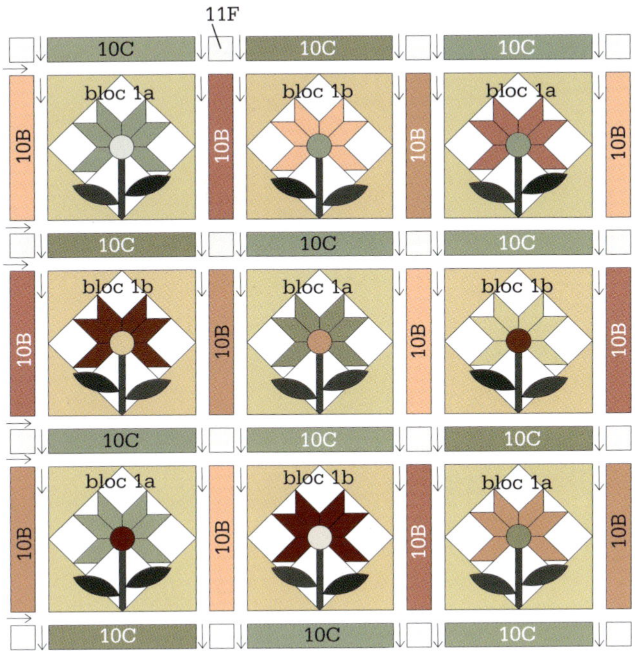

LE MATELASSAGE ET LA BANDE DE FINITION

À l'aide du crayon effaçable à l'eau, reporter les lignes de matelassage sur le panneau en s'inspirant de la photo du modèle ou selon son gré.

Superposer la doublure et le panneau, envers contre envers, en insérant le molleton entre les 2 épaisseurs de tissu, et fixer avec la colle en aérosol.

Matelasser sur les lignes tracées et recouper l'excédent de tissu de doublure et de molleton au ras du panneau.

Sélectionner les **bandes 12G** et les assembler bout à bout pour former une longue bande. Coudre la bande obtenue autour du panneau en alignant les bords bruts, et en formant des angles en onglet dans les coins. Rabattre cette bande de finition sur l'envers et la coudre à points glissés invisibles. Elle doit mesurer 1 cm environ une fois cousue.

Coudre un manchon si nécessaire et ajouter une étiquette.

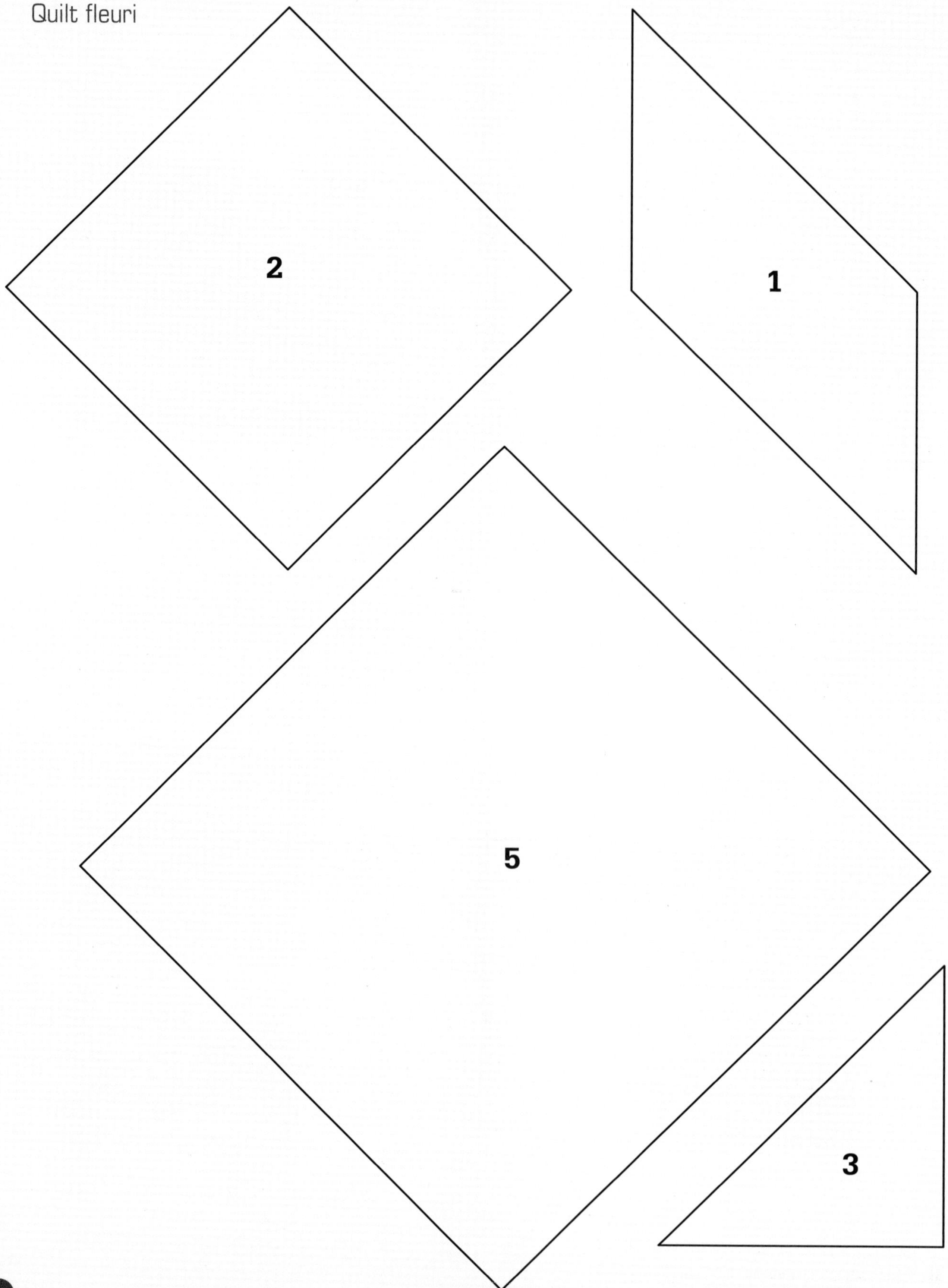
2
1
5
3

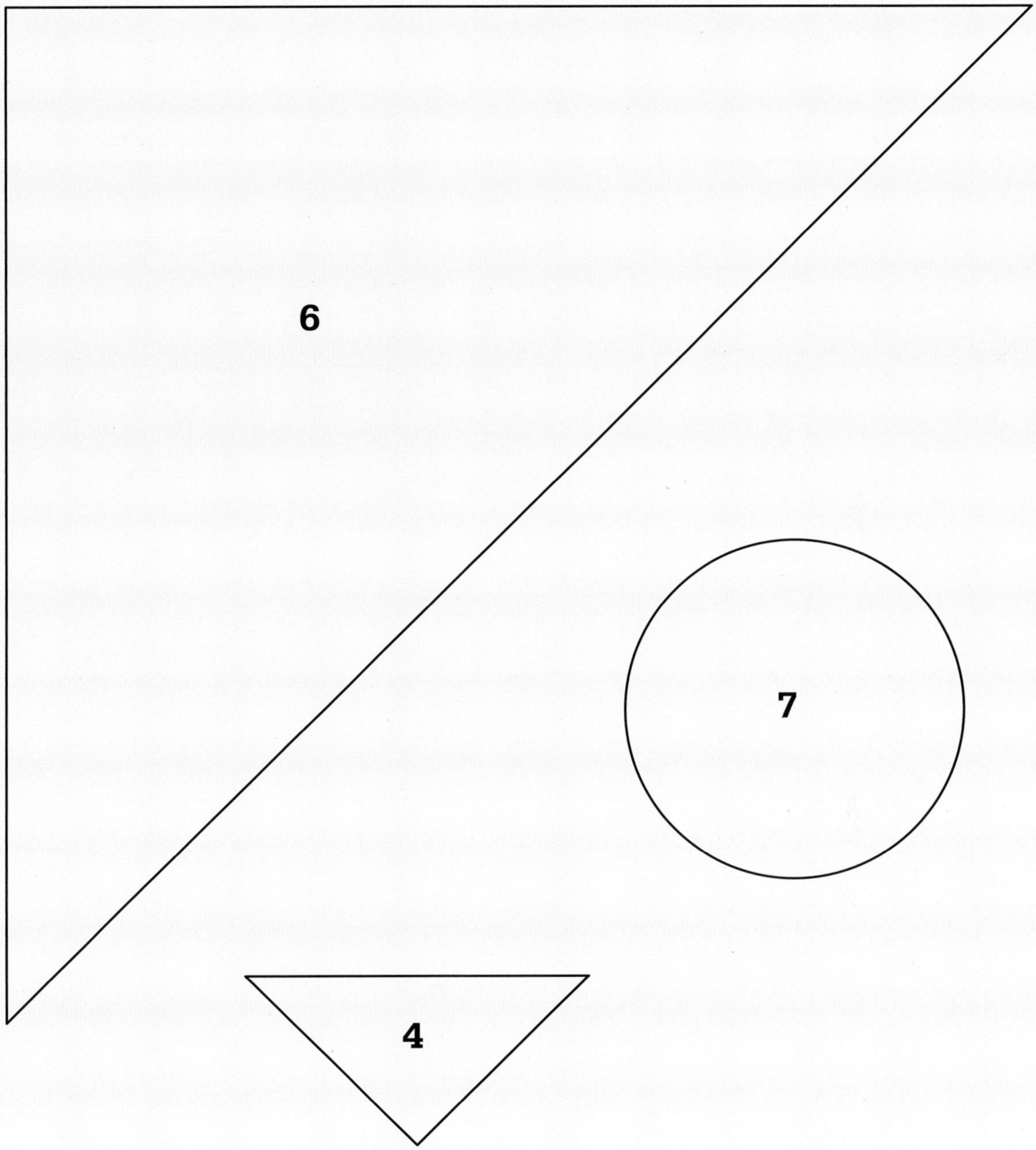

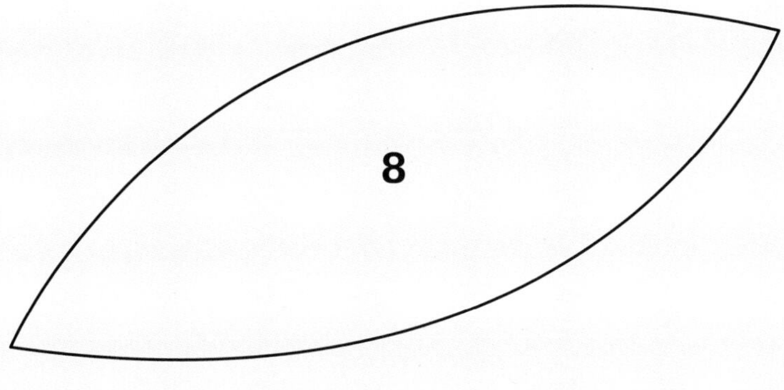

– Gabarits taille réelle –

New Vintage

Les dimensions sont données avec une marge de couture de 0,75 cm incluse, sauf indication contraire. Les gabarits sont donnés sans marge de couture.

DIMENSIONS

- 34 x 29 x 11 cm environ

LES FOURNITURES

- 50 x 110 cm de tissu rose clair imprimé : **Tissu A**
- 50 x 110 cm de tissu vert foncé imprimé : **Tissu B**
- 50 x 110 cm de tissu vert clair imprimé : **Tissu C**
- 50 x 110 cm de tissu blanc imprimé : **Tissu D**
- 50 x 90 cm de Vlieseline fine (entoilage thermocollant)
- 11 x 33,5 cm de Style-Vil (entoilage molletonné)
- Fil à coudre
- Fil à quilter
- 66 cm de corde fine de 1 cm de diamètre
- Rhodoïd pour gabarits et feutre fin permanent
- Papier pour photocopie
- Crayon effaçable à l'eau, crayon à papier
- Cutter rotatif, règle et plaque de coupe
- Machine à coudre et matériel de couture

Sur les schémas et sur les gabarits, les chiffres identifient les pièces, et les lettres identifient les tissus. Les chiffres entourés identifient l'ordre des assemblages.

LA MARCHE À SUIVRE

LES GABARITS

Reporter le contour de la **pièce 5** (gabarits) sur le Rhodoïd avec le feutre fin permanent et le découper sur le trait sans ajouter de marge de couture. Photocopier 16 fois le gabarit pour la couture sur papier du **bloc 2**, en veillant à ne pas le déformer.

LA COUPE

Dans le tissu C, couper :

- 1 **rectangle 8** de 12,8 x 35,4 cm
- 6 **carrés 2** de 9,5 x 9,5 cm
- 8 carrés de 10,6 x 10,6 cm et les recouper selon 1 diagonale pour obtenir 16 **triangles 3**
- 4 carrés de 8,2 x 8,2 cm et les recouper selon 1 diagonale pour obtenir 8 **triangles 4**
- 14 carrés de 6,6 x 6,6 cm et les recouper selon 1 diagonale pour obtenir 28 **triangles 6**
- 4 carrés de 5,4 x 5,4 cm et les recouper selon 1 diagonale pour obtenir 8 **triangles 7**.

Dans le tissu D, couper :

- 1 **rectangle 8** de 12,8 x 35,4 cm
- 2 **rectangles 9** de 31 x 46,7 cm
- 4 **rectangles 10** de 4,5 x 11,5 cm
- 4 **rectangles 11** de 5 x 35 cm.

Dans la Vlieseline fine, couper :

- 1 **rectangle 8** de 12,8 x 35,4 cm
- 2 **rectangles 12** de 29,8 x 46,7 cm.

Couper la corde fine en 2 segments de 33 cm de longueur. Couper et préparer 8 **pièces 5** dans le **tissu A** et 8 **pièces 5** dans le **tissu B** selon la technique de l'appliqué traditionnel (voir p. 17) en ajoutant une marge de couture de 0,75 cm tout autour des pièces.

LES BLOCS 1

Dans chacun des tissus A et B, couper :

- 128 **carrés 1** de 4,6 x 4,6 cm.

Sélectionner 1 **carré 1A** et 1 **carré 1B** et réaliser 2 carrés bicolores selon les indications suivantes (les carrés obtenus mesurent 3,5 x 3,5 cm - marges de couture incluses).

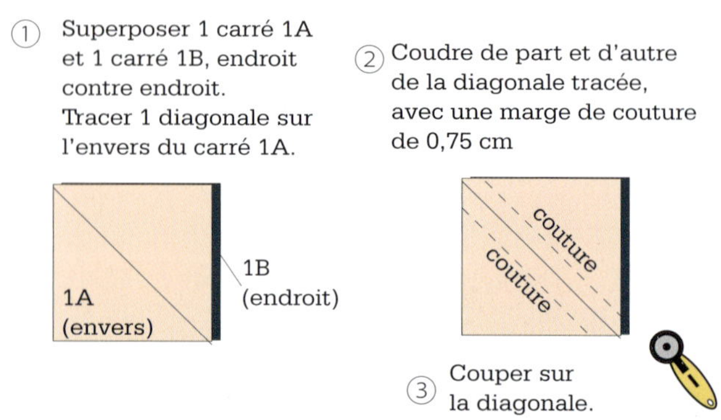

Kristel Salgarollo

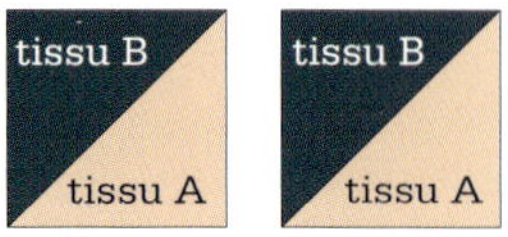

(4) Ouvrir les 2 assemblages pour obtenir 2 carrés bicolores.

(5) De la même façon, réaliser 254 autres carrés bicolores.

Assembler les carrés bicolores par 4 selon les indications suivantes, puis coudre les assemblages obtenus par 4 en veillant à bien les orienter.

Coudre.

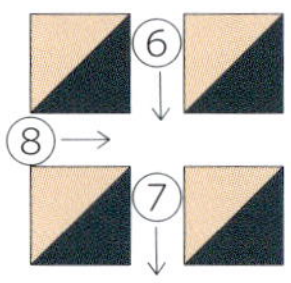

(9) Réaliser 64 assemblages.

Coudre.

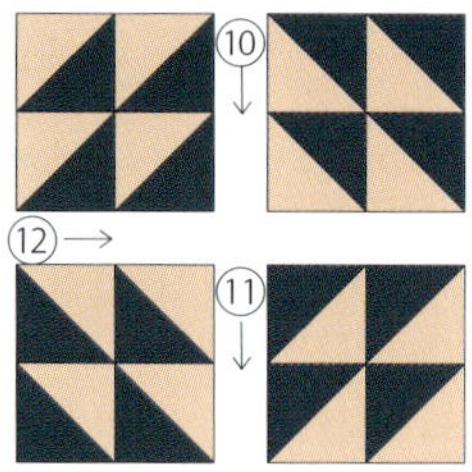

bloc 1

(13) Réaliser 16 blocs 1.

Sélectionner 8 **blocs 1**, 3 **carrés 2C**, 8 **triangles 3C** et 4 **triangles 4C** et les assembler selon les indications suivantes pour former le bas du devant du sac.

(14) Coudre les blocs 1 et les pièces en lignes, dans la diagonale, puis assembler les lignes entre elles.

bas du devant

(15) Réaliser un second assemblage identique pour obtenir le bas du dos du sac.

Sélectionner les **pièces 5A** et **5B** et les appliquer sur les assemblages selon les indications suivantes.

(16) Réaliser les appliqués selon la technique de l'appliqué traditionnel, sur les 2 montages obtenus.

LES BLOCS 2

Dans le tissu A, couper :

- 32 **carrés** de 4,6 x 4,6 cm (**pièces 2**, **3**, **4** et **6** des **blocs 2**).

Dans le tissu B, couper :

- 8 **carrés** de 4,6 x 4,6 cm (**pièces 1** des **blocs 2**)
- 2 bandes de 3 cm de hauteur dans la largeur totale du tissu (**pièces 5** des **blocs 2**).

Sélectionner les gabarits des **blocs 2** pour la couture sur papier et les pièces de **tissus A** et **B** nécessaires à la réalisation des **blocs 2**.
Réaliser les **blocs 2** selon les indications suivantes.

(17) Réaliser 16 blocs 2, selon la technique de la couture sur papier.

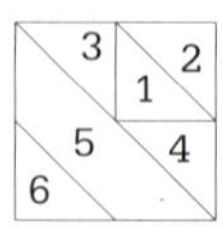

gabarit pour couture sur papier envers du bloc 2

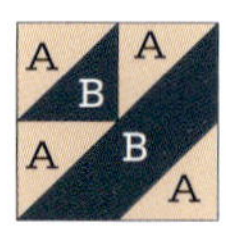

emplacement des tissus endroit du bloc 2

Une fois les blocs réalisés, repasser les assemblages et les recouper en ajoutant une marge de 0,75 cm tout autour.

Ôter délicatement le papier de support de couture sous les blocs en le déchirant le long des coutures. Sélectionner 8 **blocs 2**, 14 **triangles 6C** et 4 **triangles 7C** et les assembler selon les indications suivantes pour former le haut du devant du sac.

(18) Coudre les blocs 2 et les pièces en lignes, dans la diagonale, puis assembler les lignes entre elles.

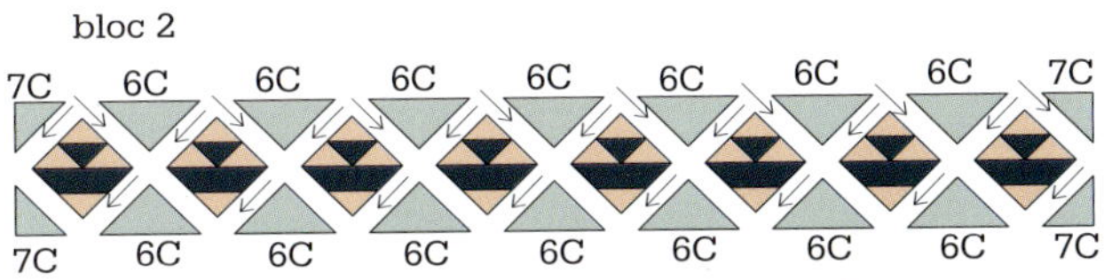

(19) Réaliser un second assemblage identique pour obtenir le haut du dos du sac.

LE CORPS DU SAC

Coudre les assemblages supérieurs et inférieurs obtenus, selon les indications suivantes.
Sous les devant et dos réalisés, fixer les **rectangles 12** de Vlieseline à l'aide du fer chaud, pour solidifier l'ouvrage.

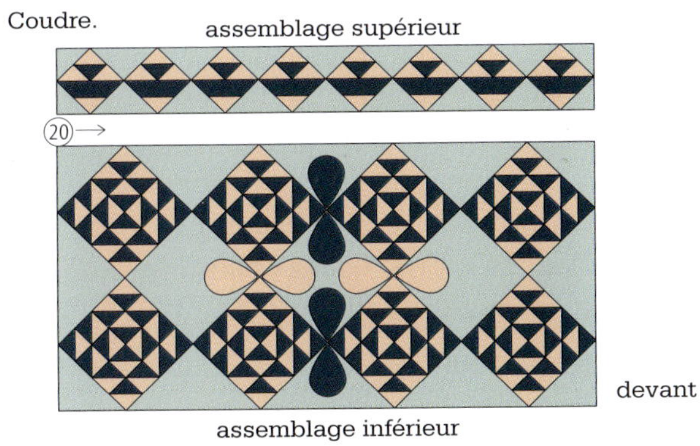

(21) Réaliser un second assemblage identique pour obtenir le bas du dos du sac.

Sélectionner le **rectangle 8C** et le **rectangle 8** de Vlieseline et fixer la Vlieseline sous le **tissu C** à l'aide du fer chaud.

Assembler le corps du sac selon les indications suivantes :

- Réaliser les coutures n°22 et 23 en alignant les milieux des pièces
- Assembler ensuite les côtés (coutures n°24 et 25).

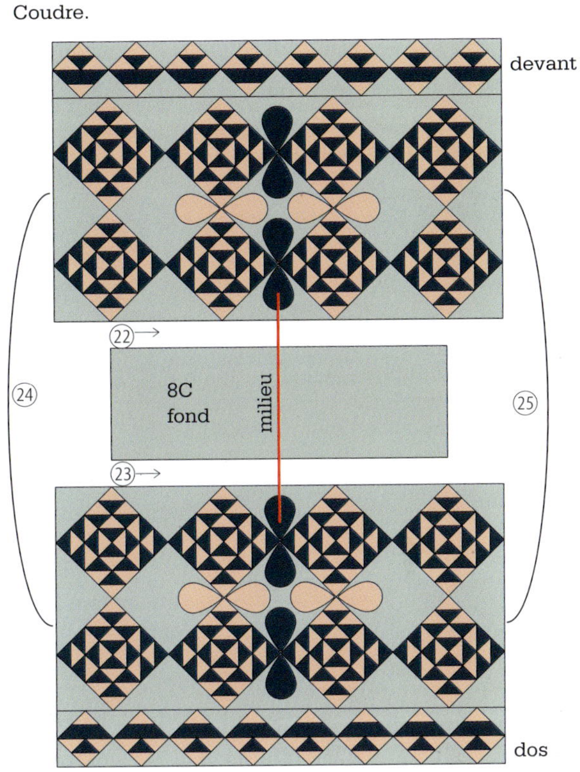

Écraser les bas de l'assemblage et coudre pour former les soufflets, selon les indications suivantes.

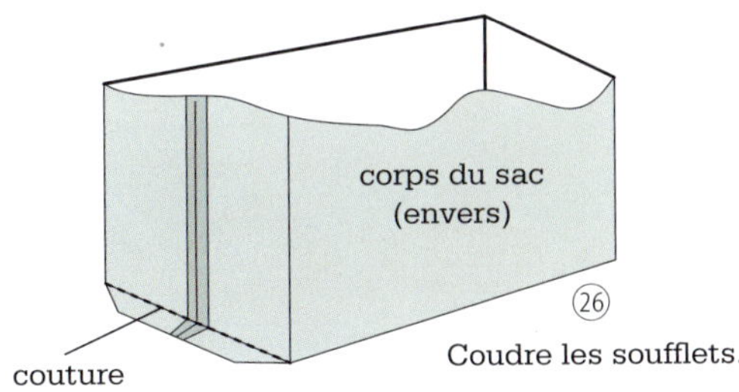

Retourner l'ouvrage sur l'endroit et bien mettre en forme en faisant ressortir les angles du bas du sac. Glisser le rectangle de Style-Vil à l'intérieur du corps du sac et le fixer sur le fond à l'aide de quelques points lancés.

LA DOUBLURE DU SAC

Sélectionner les 2 **rectangles 9** et le **rectangle 8** coupés dans le **tissu D**.

Assembler la doublure du sac selon les indications suivantes :
- Réaliser les coutures n°27 et 28 en alignant les milieux des pièces
- Assembler ensuite les côtés (coutures n°29 et 30) en laissant une ouverture de 15 cm environ sur un des côtés.

Écraser les bas de l'assemblage et coudre pour former les soufflets, selon les indications données pour le corps du sac.

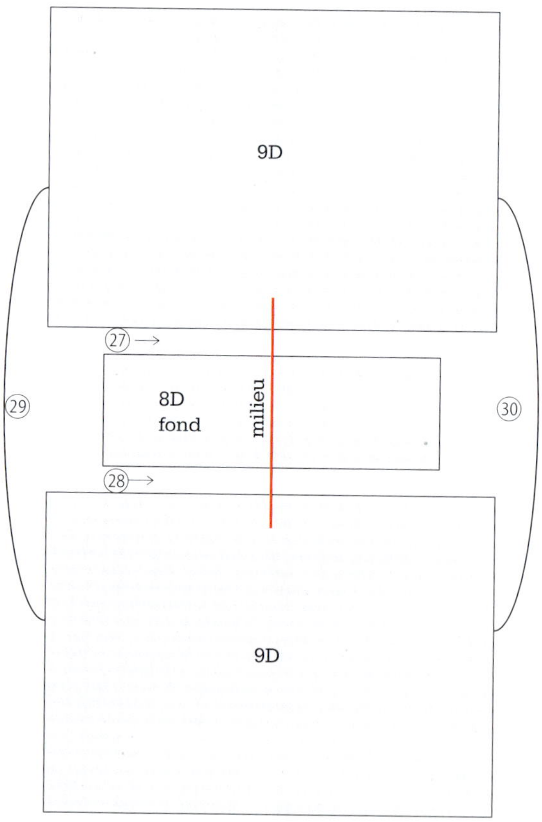

(31) Réaliser les soufflets de la doublure comme ceux du corps du sac.

Coudre tout autour de l'ouverture du sac et retourner sur l'endroit par l'ouverture laissée libre dans la doublure.
Fermer l'ouverture à points glissés invisibles.
Placer la doublure à l'intérieur du sac en laissant le tissu de doublure dépasser sur 1 cm environ sur l'extérieur du sac, épingler et surpiquer sur la couture pour maintenir la doublure en place.

LES TIRETTES DU SAC

Sélectionner 2 **rectangles 10** coupés dans le **tissu D** et les assembler selon les indications suivantes pour obtenir 1 tirette.

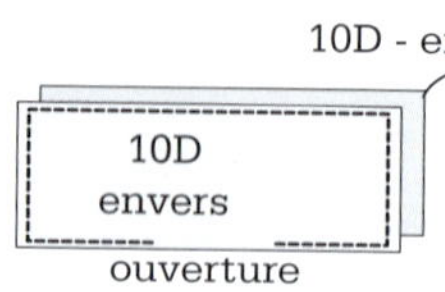

(32) Superposer 2 rectangles 10D, endroit contre endroit, et coudre tout autour en conservant une ouverture de 5 cm environ sur 1 des côtés.

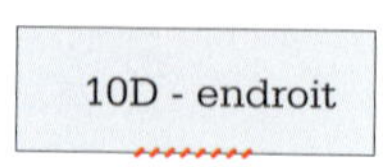

(33) Dégarnir les angles et retourner l'ouvrage sur l'endroit par l'ouverture laissée libre. Bien mettre en forme et fermer l'ouverture à points glissés invisibles.

(34) Surpiquer tout autour de l'assemblage.

(35) Réaliser une seconde tirette de la même façon.

L'ASSEMBLAGE DU SAC

Glisser le corps du sac dans sa doublure, endroit contre endroit, en alignant les coutures latérales. Aligner les bords supérieurs bruts et les épingler.

LES ANSES DU SAC

Sélectionner 2 **rectangles 11** coupés dans le **tissu D** et recouper les extrémités pour obtenir des arrondis.
Sélectionner 1 segment de corde fine.
Assembler les 2 **pièces 11D** selon les indications suivantes pour obtenir 1 anse.

(36) Superposer 2 pièces 11D, endroit contre endroit et coudre tout autour en conservant une ouverture de 5 cm environ sur 1 bord long.

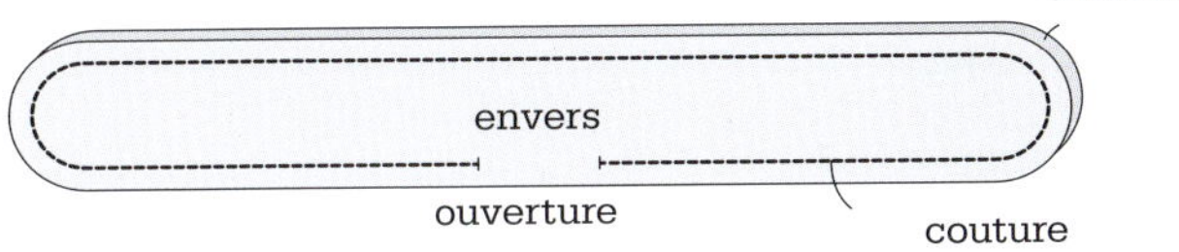

(37) Cranter les marges de couture et retourner l'ouvrage sur l'endroit par l'ouverture laissée libre. Bien mettre en forme et fermer l'ouverture à points glissés invisibles.

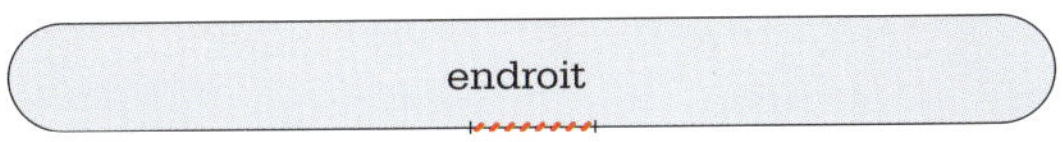

(38) Placer 1 segment de corde sur le montage en le centrant.

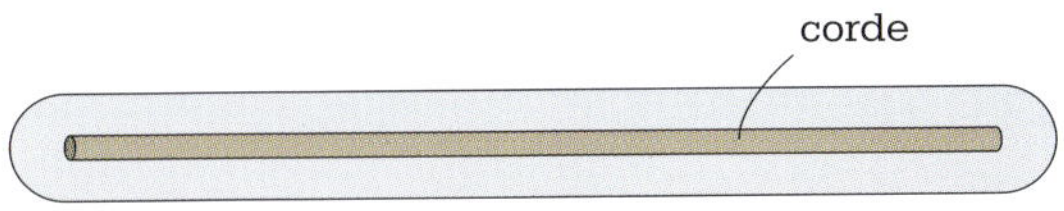

(39) Replier les bords longs et coudre à points glissés invisibles

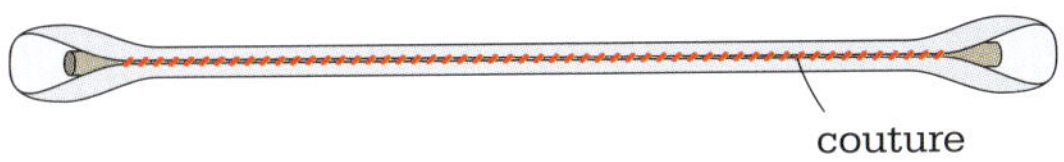

LES FINITIONS DU SAC

Plier les tirettes en deux, et les assembler sur les côtés du sac au niveau des coutures.
Coudre les anses sur les devant et dos du sac.

(41) Coudre les anses et les tirettes sur le haut du sac, en s'inspirant de la photo du modèle pour les positionner.

Happy Ellen

Les dimensions sont données avec une marge de couture de 0,75 cm incluse, sauf indication contraire. Les gabarits sont donnés sans marge de couture.

Sac

DIMENSIONS

- 36 x 59 x 15 cm

LES FOURNITURES

- 25 x 55 cm de tissu blanc cassé imprimé petites fleurs multicolores : **Tissu A**
- 25 x 55 cm de tissu vert pâle imprimé petites feuilles : **Tissu B**
- 45 x 55 cm de tissu vert pâle imprimé petites fleurs roses : **Tissu C**
- 25 x 55 cm de tissu vert foncé imprimé pois et traits : **Tissu D**
- 25 x 55 cm de tissu vert foncé imprimé petits motifs : **Tissu E**
- 25 x 55 cm de tissu vert pâle imprimé petites fleurs vertes : **Tissu F**
- 40 x 140 cm de tissu blanc cassé uni : **Tissu G**
- 25 x 55 cm de tissu blanc cassé imprimé petites feuilles : **Tissu H**
- 25 x 55 cm de tissu blanc cassé imprimé pois et traits : **Tissu I**
- 60 x 140 cm de tissu vert pâle imprimé pois blanc cassé : **Tissu J**
- 60 x 140 cm de molleton
- Fil à coudre
- Fil à quilter
- Fils à broder de coloris roses et verts
- Aiguille à broder
- 25 cm de dentelle blanc cassé
- 1 m de sangle de 3 cm de large
- Rhodoïd pour gabarits et feutre fin permanent
- Papier pour photocopies
- Bristol fin
- Crayon effaçable à l'eau, crayon à papier
- Colle en aérosol
- Cutter rotatif, règle et plaque de coupe
- Machine à coudre et matériel de couture

Sur les schémas et sur les gabarits, les chiffres identifient les pièces, et les lettres identifient les tissus. Les chiffres entourés identifient l'ordre des assemblages.

LA MARCHE À SUIVRE

LES GABARITS

Reporter le contour des **triangles 14** et **15** (gabarits) sur le Rhodoïd avec le feutre fin permanent, ajouter une marge de 0,75 cm tout autour des pièces et les découper sur le trait extérieur.

De la même façon, reporter le contour de **l'hexagone 12** sur le Rhodoïd avec le feutre fin permanent et le découper sur le trait, sans ajouter de marge.

À l'aide du gabarit en Rhodoïd de **l'hexagone 12**, reporter 5 fois les contours de **l'hexagone 12** sur le Bristol fin. Découper les pièces sur les lignes tracées, sans ajouter de marge.

Photocopier 3 fois le gabarit du **bloc 1 « log cabin »** en veillant à ne pas le déformer, pour obtenir les gabarits pour la couture sur papier.

Elisabete Dias pour Happy Handmade

LA COUPE

Dans le tissu A, couper :
- 1 **bande 10** de 3,75 x 14 cm
- 1 **rectangle 16** de 8,5 x 18,5 cm
- Des bandes de 4 cm de large (**blocs 1**).

Dans le tissu B, couper :
- 1 **bande 10** de 3,75 x 14 cm
- 1 **rectangle 16** de 8,5 x 18,5 cm
- Des bandes de 4 cm de large (**blocs 1**).

Dans le tissu C, couper :
- 1 **rectangle 16** de 8,5 x 18,5 cm
- 1 **rectangle 20** de 23,5 x 41,5 cm
- Des bandes de 4 cm de large (**blocs 1**).

Dans le tissu D, couper :
- 1 **rectangle 16** de 8,5 x 18,5 cm
- Des bandes de 4 cm de large (**blocs 1**).

Dans le tissu E, couper :
- 5 **rectangles 11** de 6 x 10 cm
- 1 **bande 17** de 11 x 43,5 cm.

Dans le tissu F, couper :
- 5 **rectangles 11** de 6 x 10 cm
- 1 **bande 17** de 11 x 43,5 cm.

Dans le tissu G, couper :
- 1 **bande 13** de 13 x 43,5 cm
- 1 **bande 18** de 16,5 x 121,5 cm
- 2 **bandes 24** de 8 x 50 cm.

Dans le tissu H, couper :
- 1 **rectangle 16** de 8,5 x 18,5 cm
- 7 **triangles 14**.

Dans le tissu I, couper :
- 1 **rectangle 16** de 8,5 x 18,5 cm
- 14 **triangles 15**.

Dans le tissu J, couper :
- 1 **bande 18** de 16,5 x 121,5 cm.
- 2 **rectangles 21** de 37,5 x 43,5 cm.

Dans le molleton, couper :
- 2 **rectangles 22** de 40 x 45 cm
- 1 **bande 23** de 20 x 125 cm.

Dans la sangle, couper :
- 2 segments de 50 cm de longueur.

*Astuce : Couper les bandes de 4 cm de large pour les **blocs 1** au fur et à mesure de la réalisation des blocs afin de ne pas gâcher de tissu.*

LES BLOCS 1 « LOG CABIN »

Sélectionner les bandes de **tissus A**, **B**, **C** et **D**, et les 3 gabarits des **blocs** pour la couture sur papier. Réaliser le **bloc 1a** selon les indications suivantes, en veillant à bien positionner les tissus. Réaliser les 2 autres **blocs 1 b** et **1c** selon les indications des dessins suivants.

① Réaliser 1 bloc « log cabin » selon la technique de la couture sur papier.

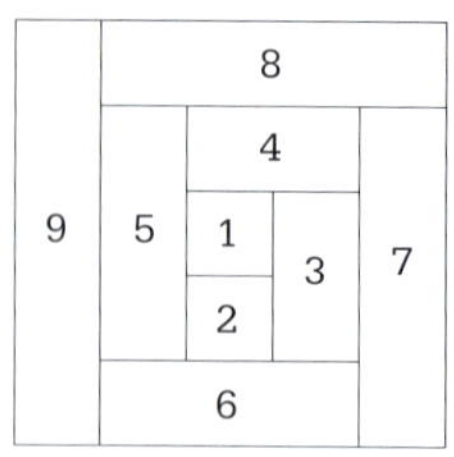

gabarit pour couture sur papier envers du bloc

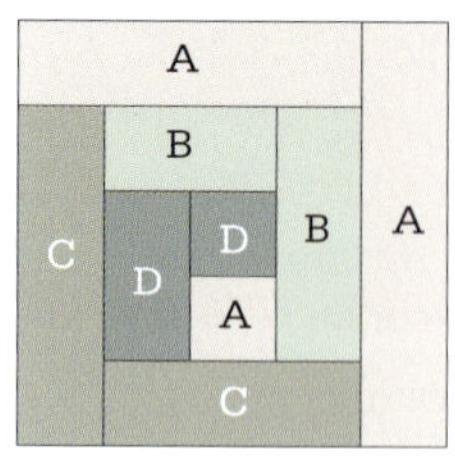

repérage des tissus endroit du bloc 1a

② De la même façon, réaliser 2 autres blocs « log cabin » en positionnant les tissus selon les indications suivantes.

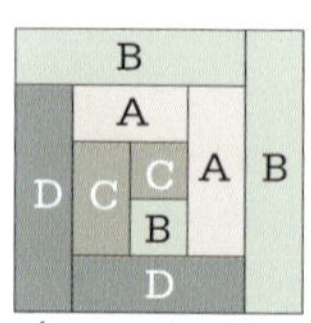

repérage des tissus endroit du bloc 1b

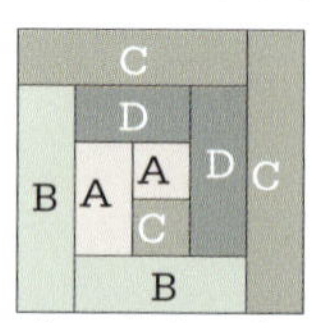

repérage des tissus endroit du bloc 1c

Une fois les blocs réalisés, repasser les assemblages et les recouper en ajoutant une marge de 0,75 cm tout autour. Oter délicatement le papier de support de couture sous les blocs en le déchirant le long des coutures.

Positionner les 3 **blocs 1** en colonne, selon les indications suivantes et les assembler. Ajouter les **bandes 10B** et **10A** sur le haut et le bas de l'assemblage.

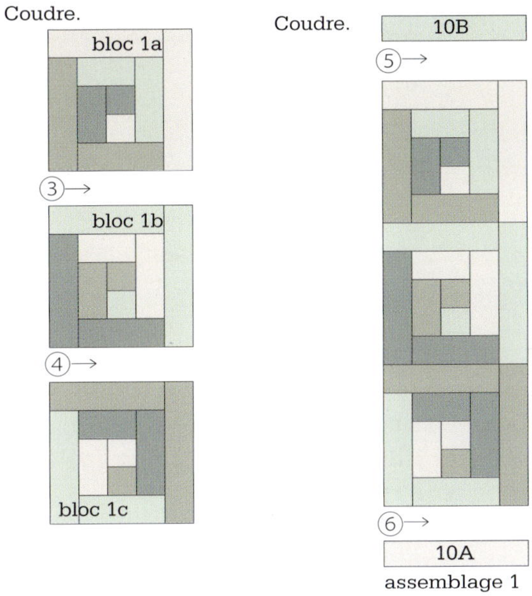

LES BLOCS 2 « HEXAGONES »

Sélectionner 1 **rectangle 11E** et 1 **rectangle 11F** et les assembler selon les indications suivantes. Couper 1 **hexagone 12** dans l'assemblage obtenu et le préparer avec 1 **hexagone 12** coupé dans le Bristol fin, selon la technique de l'assemblage à l'anglaise.

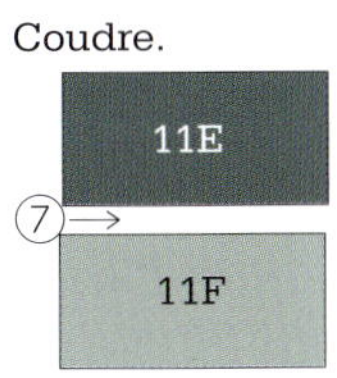

⑧ Poser le gabarit de l'hexagone 12 sur l'assemblage en alignant le repère horizontal sur la couture et couper autour du gabarit en ajoutant une marge de couture de 0,75 cm.

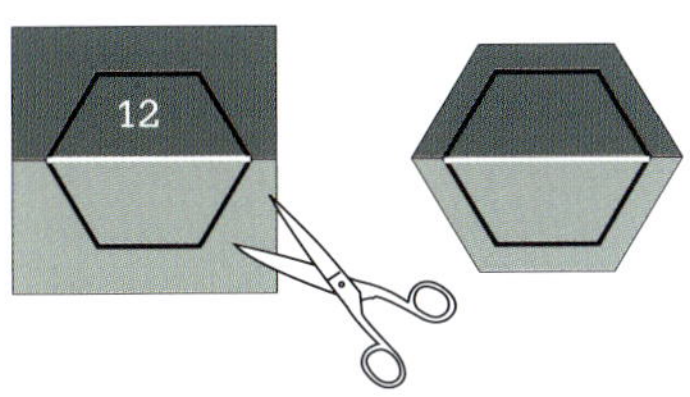

⑨ Sur l'envers de l'hexagone bicolore obtenu, placer le gabarit en Bristol en alignant le repère horizontal sur la couture.

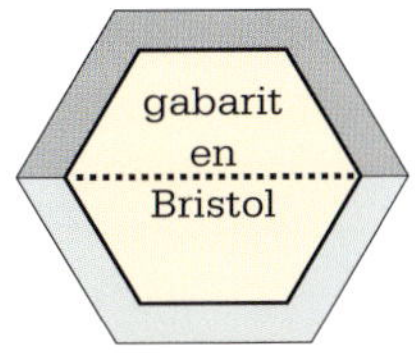

⑩ Replier la marge de tissu sur le gabarit en Bristol et bâtir pour maintenir le repli sur l'envers de la pièce.

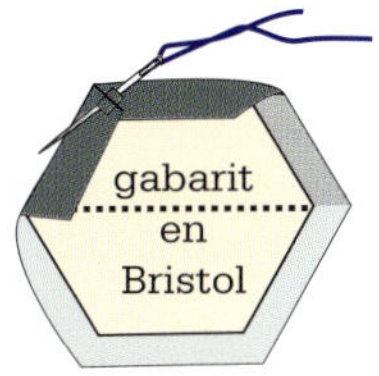

⑪ La pièce est terminée. Elle est prête à être assemblée selon la technique de la couture à l'anglaise.

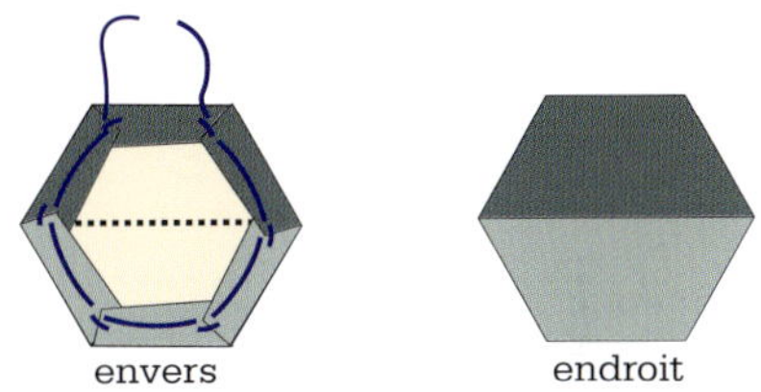

⑫ De la même façon, réaliser 4 autres hexagones bicolores et les préparer avec les gabarits en Bristol.

Repasser les 5 hexagones obtenus et les assembler en colonne au point de surjet serré selon la technique de l'assemblage à l'anglaise, en veillant à bien les orienter. Couper les fils de bâti et ôter délicatement les gabarits en Bristol sous l'assemblage.
Placer le montage sur la **bande 13G** en le centrant et l'appliquer selon la technique de l'appliqué traditionnel. Broder les contours et le fond de la **bande 13G** selon les indications suivantes.

⑬ Appliquer les hexagones sur le rectangle 13G en centrant le montage. Broder selon les indications des gabarits en s'inspirant de la photo du modèle pour le choix du fil.

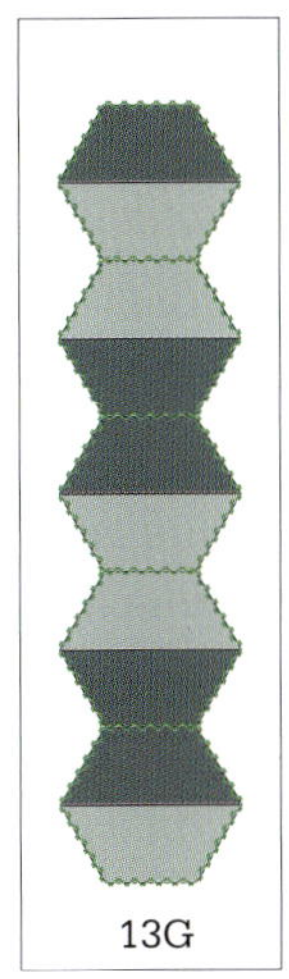

⑭ Reporter les dessins des broderies et broder selon les indications des gabarits en s'inspirant de la photo du modèle pour le choix des fils.

assemblage 2

LES BLOCS 3 « VOL D'OIE »

Sélectionner les **triangles 14** et **15** et les assembler selon les indications suivantes pour obtenir les blocs « vols d'oie ». Coudre les blocs obtenus en colonne, pour obtenir **l'assemblage 3**.

Coudre.

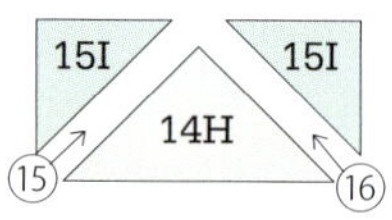

(17) Réaliser 7 « vols d'oie ».

(18) Coudre en colonne.

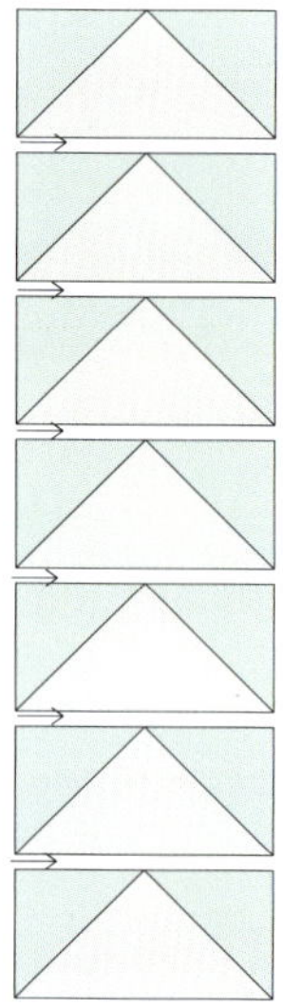

assemblage 3

LE DEVANT DU SAC

Coudre les 3 assemblages obtenus en ligne, selon les indications suivantes pour obtenir le devant du sac.

Coudre.

devant

À l'aide du crayon effaçable à l'eau, reporter les lignes de matelassage sur le panneau en s'inspirant de la photo du modèle ou selon son gré.
Poser le panneau sur 1 **rectangle 22** de molleton, et fixer avec la colle en aérosol.
Matelasser sur les lignes tracées et recouper l'excédent de molleton au ras du panneau.

LE DOS DU SAC

Sélectionner les **rectangles 16** et les **bandes 17**, les assembler selon les indications suivantes et broder l'ouvrage pour obtenir le dos du sac.

Coudre.

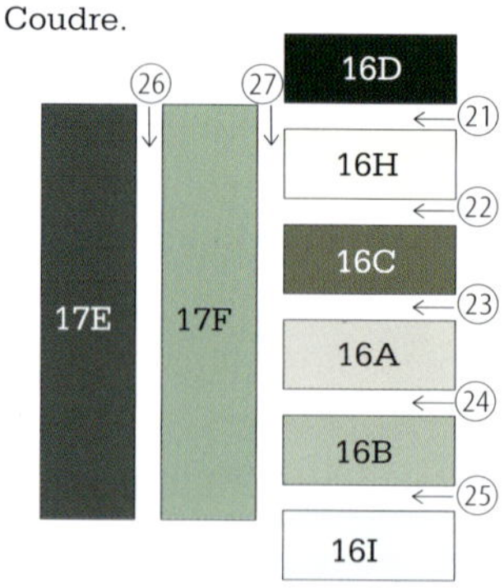

(28) Broder selon les indications suivantes en s'inspirant de la photo du modèle pour le choix des fils.

À l'aide du crayon effaçable à l'eau, reporter les lignes de matelassage sur le panneau en s'inspirant de la photo du modèle ou selon son gré.
Poser le panneau sur 1 **rectangle 22** de molleton, et fixer avec la colle en aérosol.
Matelasser sur les lignes tracées et recouper l'excédent de molleton au ras du panneau.

LE FOND ET LES CÔTÉS DU SAC

Sélectionner la **bande 18G** et la **bande 23** de molleton.
À l'aide du crayon effaçable à l'eau, reporter les lignes de matelassage sur le tissu en s'inspirant de la photo du modèle ou selon son gré.
Poser la **bande 18G** sur la **bande 23** de molleton, et fixer avec la colle en aérosol.
Matelasser sur les lignes tracées et recouper l'excédent de molleton au ras du panneau.

LE CORPS DU SAC

Assembler le fond et les côtés du sac sur les devant et dos, selon les indications suivantes :

- Réaliser les coutures du fond n°29 et 30 en alignant les milieux des pièces
- Réaliser ensuite les coutures des côtés n° 31 à 34.

Coudre en alignant les milieux.

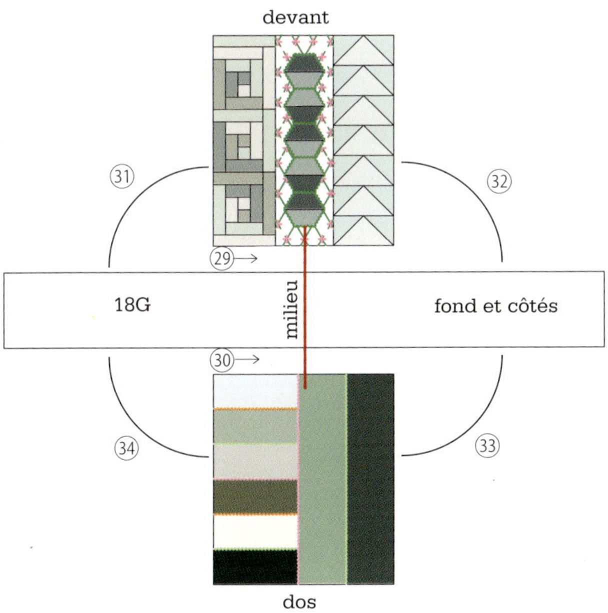

Une fois l'assemblage réalisé, retourner l'ouvrage sur l'endroit et bien mettre en forme en faisant ressortir les angles et en écrasant les coutures.

LE RUBAN PLISSÉ ET LES ANSES

Dans les chutes des **tissus A** et **H**, couper des bandes de tissu de 6 cm de large et de longueur variable.
Assembler ces bandes bout à bout pour obtenir une longue **bande 19** de 200 cm de longueur.

Plier la bande en deux, envers contre envers, et réaliser des plis de 1 cm tous les 4 cm de long, selon les indications suivantes. Coudre les plis à la machine à 0,5 cm des bords bruts en plissant le tissu au fur et à mesure de la couture.

(35) Réaliser le ruban plissé.

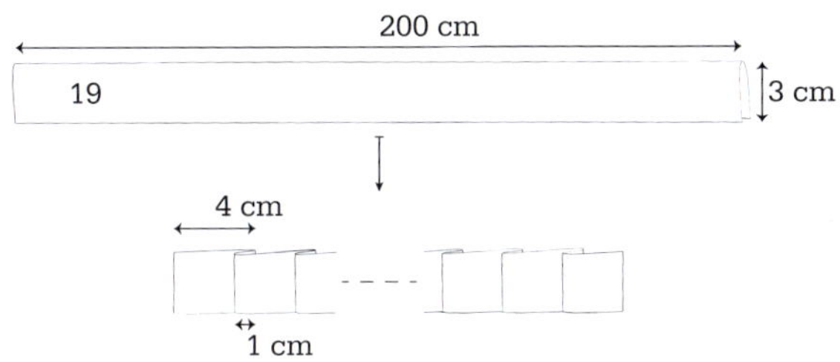

Placer le ruban plissé obtenu autour de l'ouverture du haut du sac en alignant les bords bruts.
Ajuster la longueur du ruban plissé en recoupant le surplus et en ajoutant une marge de couture sur les 2 extrémités. Assembler les extrémités du ruban pour obtenir une jolie finition.

Sélectionner les 2 segments de sangles et les 2 **bandes 24G**.
Plier 1 bande de tissu en deux, endroit contre endroit, en alignant les bords longs et piquer à la machine le long des bords longs bruts. Retourner l'ouvrage sur l'endroit par une des extrémités, placer la couture à 0,5 cm d'un bord et repasser. Glisser 1 sangle à l'intérieur du « tube » obtenu et surpiquer le long des 2 bords longs, pour obtenir 1 anse.
Réaliser la seconde anse de la même façon.

Positionner les anses sur le haut du corps du sac, selon les indications suivantes.

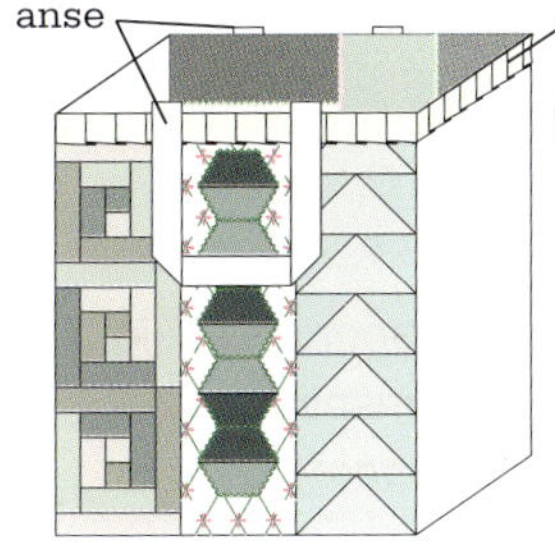

(36) Placer et épingler le ruban plissé sur le haut du corps du sac en alignant les bords bruts. Placer les anses en alignant les bords bruts et les épingler. Coudre tout autour de l'ouverture du haut du sac pour maintenir le ruban plissé et les anses en place.

LA DOUBLURE DU SAC

Sélectionner les **pièces 18** et **21** coupées dans le **tissu J** (doublure du sac).
Sélectionner le **rectangle 20C** et la dentelle et réaliser la poche interne du sac selon les indications suivantes.
Coudre la poche obtenue sur 1 **rectangle 21J**.

(37) Plier le rectangle 20C en deux, endroit contre endroit et coudre en laissant une ouverture de 6 cm environ sur 1 côté.

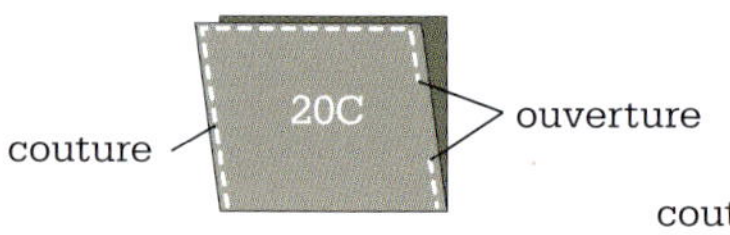

(39) Coudre la poche sur 1 rectangle 21J (doublure).

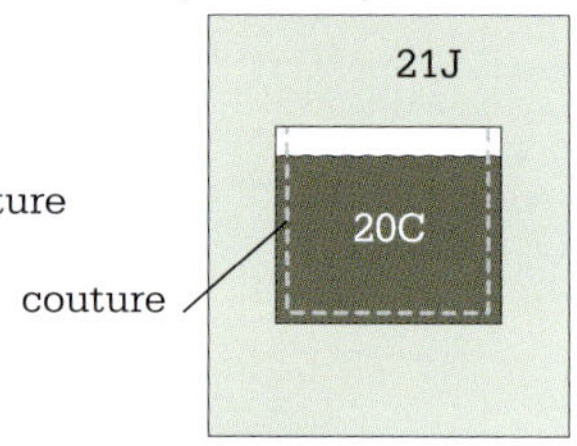

(38) Dégarnir les angles, retourner l'ouvrage sur l'endroit par l'ouverture laissée libre et bien mettre en forme. Fermer l'ouverture à points glissés invisibles et appliquer la dentelle sur le haut de la poche obtenue.

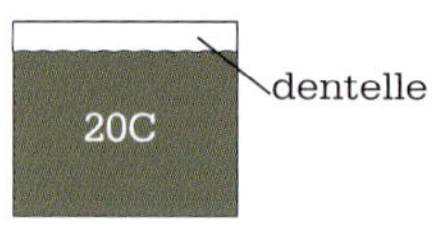

Assembler la doublure du sac, selon les indications suivantes :

- Réaliser les coutures du fond n°40 et 41 en alignant les milieux des pièces

Réaliser ensuite les coutures des côtés n° 42 à 45, en laissant une ouverture de 20 cm environ sur un des côtés.

Coudre en alignant les milieux.

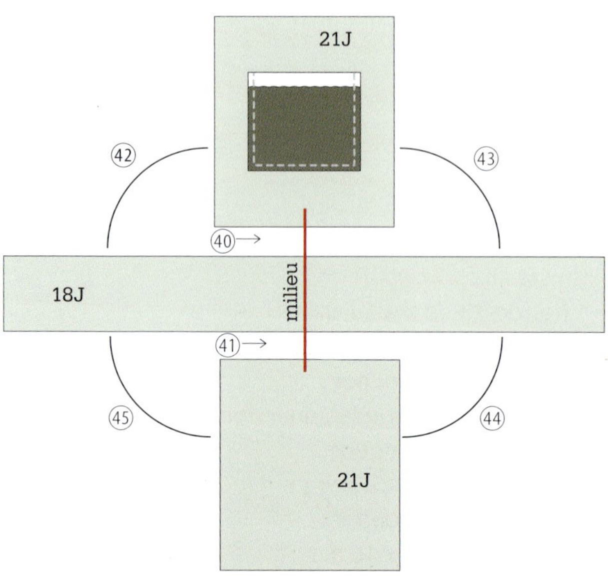

L'ASSEMBLAGE

Glisser le corps du sac dans sa doublure, en faisant coïncider les coutures des côtés et en alignant les bords bruts supérieurs. Coudre tout autour de l'ouverture du sac.

Retourner l'ouvrage sur l'endroit par l'ouverture laissée libre dans la doublure et bien mettre en forme. Fermer l'ouverture de la doublure à points glissés invisibles. Glisser la doublure à l'intérieur du sac et surpiquer à 0,5 cm sous le ruban plissé, tout autour de l'ouverture du sac, pour maintenir la doublure en place.

Les dimensions sont données avec une marge de couture de 0,75 cm incluse, sauf indication contraire. Les gabarits sont donnés sans marge de couture.

Trousse

DIMENSIONS

- 28 x 21 x 5 cm

LES FOURNITURES

- 20 x 55 cm de tissu blanc cassé imprimé petites fleurs multicolores : **Tissu A**
- 10 x 55 cm de tissu vert imprimé petites feuilles : **Tissu B**
- 5 x 25 cm de tissu vert imprimé petites fleurs rouges : **Tissu C**
- 5 x 55 cm de tissu vert foncé imprimé pois et traits : **Tissu D**
- 10 x 20 cm de tissu vert clair imprimé petites fleurs vertes : **Tissu E**
- 10 x 20 cm de tissu saumon imprimé petites feuilles : **Tissu F**
- 15 x 55 cm de tissu blanc cassé imprimé petites feuilles : **Tissu G**
- 10 x 20 cm de tissu blanc cassé imprimé pois et traits : **Tissu H**
- 45 x 55 cm de tissu blanc cassé uni : **Tissu I**
- 45 x 55 cm de tissu de doublure
- 40 x 55 cm de molleton
- 40 x 55 cm de Vlieseline thermocollante
- Fil à coudre
- Fil à quilter
- Fils à broder de coloris variés
- Aiguille à broder
- 1 fermeture à glissière de 26 cm de longueur
- 1 étiquette en bois à coudre de 1,7 x 4 cm
- Papier pour photocopies
- Crayon effaçable à l'eau, crayon à papier
- Colle en aérosol
- Cutter rotatif, règle et plaque de coupe
- Machine à coudre et matériel de couture

Sur les schémas et sur les gabarits, les chiffres identifient les pièces, et les lettres identifient les tissus. Les chiffres entourés identifient l'ordre des assemblages.

LA MARCHE À SUIVRE

LES GABARITS

Photocopier le gabarit du **bloc 1 « log cabin »** en veillant à ne pas le déformer, pour obtenir le gabarit pour la couture sur papier.

LA COUPE

Dans le tissu A, couper :
- 1 **bande 12** de 5 x 46 cm
- 1 **bande 13** de 5 x 16 cm
- 1 bande de 4 cm de largeur (bloc 1 « log cabin »).

Dans le tissu B, couper :
- 1 **bande 13** de 5 x 16 cm
- 1 bande de 4 cm de largeur (bloc 1 « log cabin »).

Dans le tissu C, couper :
- 1 bande de 4 cm de largeur (bloc 1 « log cabin »).

Dans le tissu D, couper :
- 1 bande de 4 cm de largeur (bloc 1 « log cabin »).

Dans le tissu E, couper :
- 1 **bande 13** de 5 x 16 cm.

Dans le tissu F, couper :
- 1 **bande 13** de 5 x 16 cm
- 4 **carrés 16** de 4 x 4 cm.

Dans le tissu G, couper :
- 1 **bande 12** de 5 x 46 cm
- 1 **bande 13** de 5 x 16 cm.

Dans le tissu H, couper :
- 1 **bande 13** de 5 x 16 cm.

Dans le tissu I, couper :
- 2 **carrés 10** de 13,5 x 13,5 cm
- 2 **rectangles 11** de 13,5 x 37,5 cm
- 2 **bandes 13** de 5 x 16 cm
- 1 **bande 14** de 3,5 x 29,5 cm
- 1 **bande 15** de 6 x 29,5 cm.

Dans le tissu de doublure et dans la Vlieseline thermocollante, couper :
- 2 **rectangles 17** de 22,5 x 29,5 cm.

Dans le molleton, couper :
- 2 **rectangles 18** de 25 x 35 cm.

LE DEVANT DE LA TROUSSE

Sélectionner les bandes de 4 cm de large coupées dans les **tissus A**, **B**, **C** et **D**, et le gabarit du **bloc 1** « **log cabin** » pour la couture sur papier.
Réaliser le **bloc 1** selon les indications suivantes, en veillant à bien positionner les tissus.

① Réaliser 1 bloc "log cabin" selon la technique de la couture sur papier.

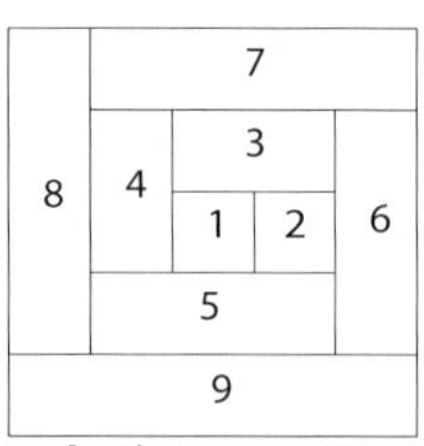

gabarit pour couture sur papier envers du bloc

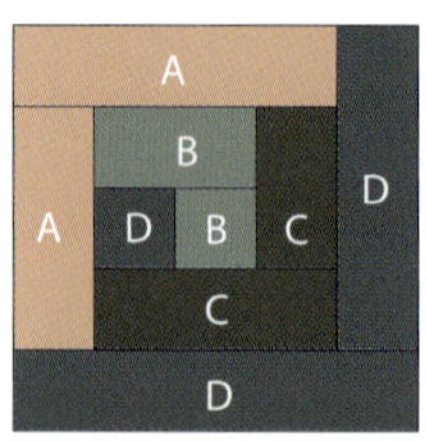

repérage des tissus endroit du bloc

Une fois le bloc réalisé, le repasser et le recouper en ajoutant une marge de 0,75 cm tout autour.
Ôter délicatement le papier de support de couture sous le bloc en le déchirant le long des coutures.
Coudre les 2 **carrés 10I** et les 2 **rectangles 11I** autour du bloc obtenu selon les indications suivantes.

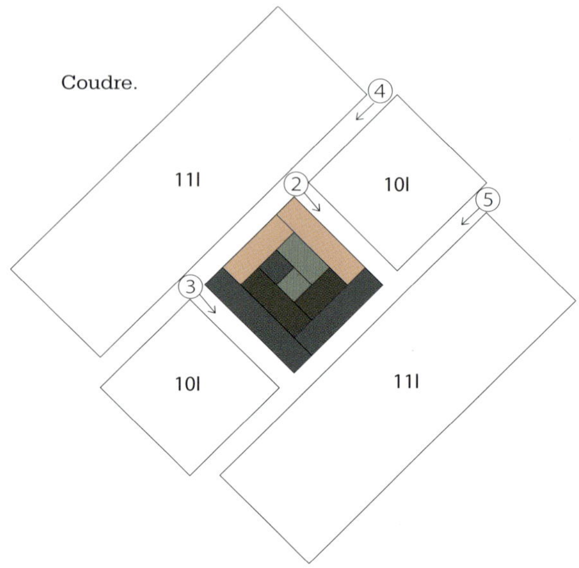

Recouper l'assemblage obtenu selon les indications suivantes en positionnant le bloc « log cabin » sur le haut de l'assemblage, afin d'obtenir le positionnement du bloc au milieu du devant de la trousse une fois les soufflets réalisés.

⑥ Puis recouper à 29,5 × 22,5 cm.

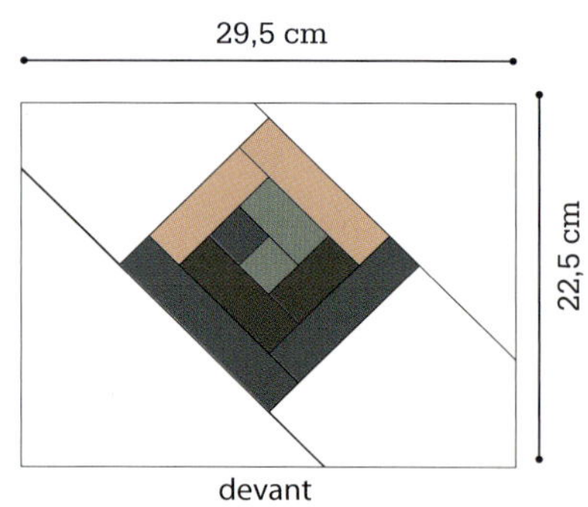

À l'aide du crayon effaçable à l'eau, reporter les lignes de matelassage sur le panneau en s'inspirant de la photo du modèle ou selon son gré.
Superposer le panneau sur 1 **rectangle 18** de molleton et fixer avec la colle en aérosol.
Matelasser sur les lignes tracées et recouper l'excédent de molleton au ras du panneau.
Sélectionner la **bande 12G** et la plier en deux, endroit contre endroit. Réaliser 1 couture le long des 2 bords courts et retourner l'ouvrage sur l'endroit. Réaliser des plis de 1 cm tous les 4 cm de long, selon les indications suivantes. Coudre les plis à la machine à 0,5 cm des bords bruts en plissant le tissu au fur et à mesure de la couture.

Elisabete Dias pour Happy Handmade

La bande obtenue doit mesurer 28 cm de longueur.

⑦ Réaliser le ruban plissé pour le devant du sac.

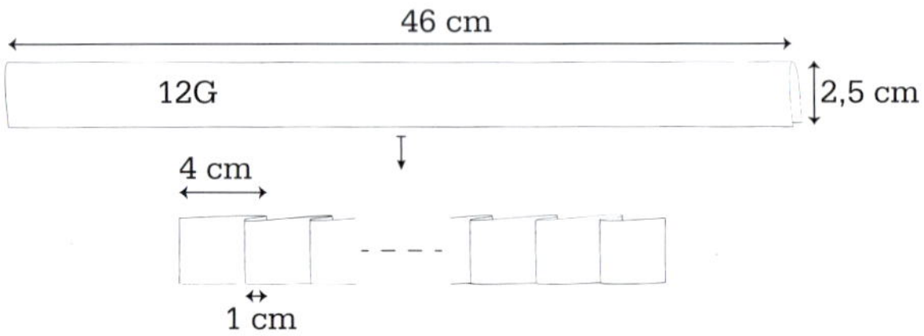

⑧ De la même façon, réaliser le ruban plissé pour le dos du sac avec la bande 12A.

Placer le ruban plissé obtenu sur le haut du devant de la trousse en alignant les bords bruts et en le centrant. Assembler selon les indications suivantes.

⑨ Placer et épingler le ruban plissé sur le haut du devant de la pochette en alignant les bords bruts et en centrant les 2 assemblages.
Coudre à 0,5 cm du haut pour maintenir le ruban plissé.

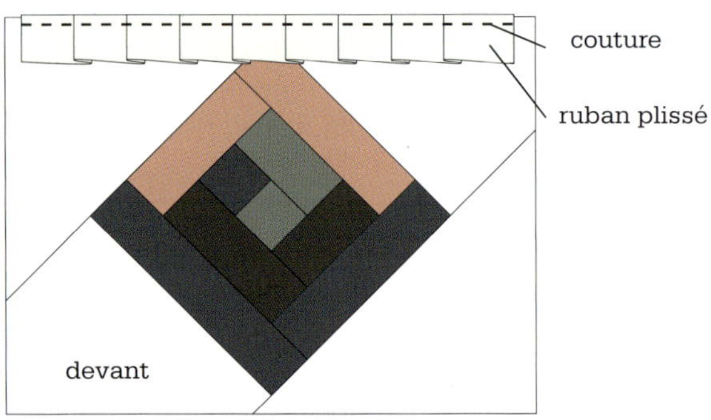

LE DOS DE LA TROUSSE

Sélectionner les **bandes 13**, **14** et **15** et les assembler selon les indications suivantes pour former le dos de la trousse.

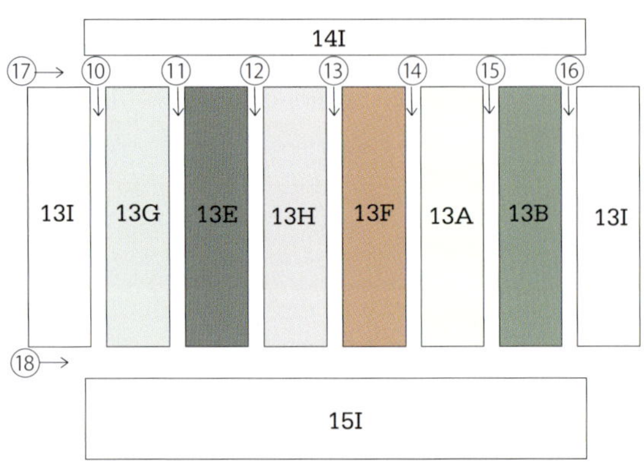

Broder l'ouvrage selon les indications suivantes et coudre l'étiquette en bois.

⑲ Broder en s'inspirant de la photo du modèle pour le choix des points et des fils de broderie.
Coudre l'étiquette en bois.

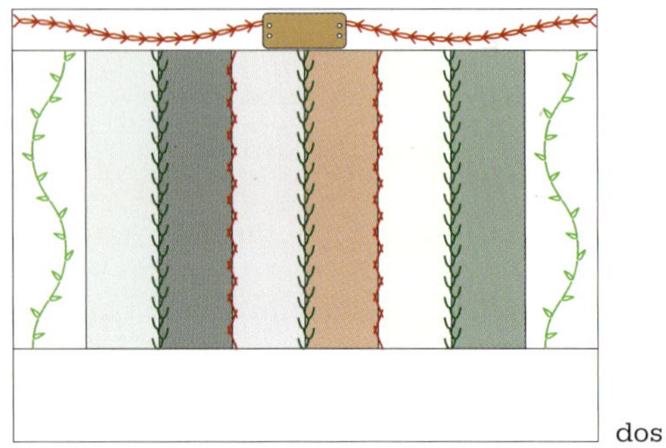

À l'aide du crayon effaçable à l'eau, reporter les lignes de matelassage sur le panneau en s'inspirant de la photo du modèle ou selon son gré.

Superposer le panneau sur 1 **rectangle 18** de molleton et fixer avec la colle en aérosol.
Matelasser sur les lignes tracées et recouper l'excédent de molleton au ras du panneau.

Sélectionner le **ruban plissé 12A** et le placer sur le haut du dos de la trousse en alignant les bords bruts et en le centrant. Assembler selon les indications suivantes.

⑳ Placer et épingler le ruban plissé (12A) sur le haut du dos de la pochette en alignant les bords bruts et en centrant les 2 assemblages.
Coudre à 0,5 cm du haut pour maintenir le ruban plissé.

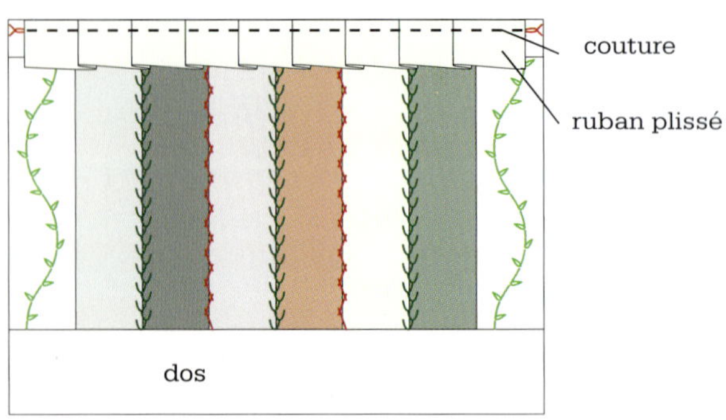

L'ASSEMBLAGE

Sélectionner la fermeture à glissière et les 4 **carrés 16F**. Placer 2 **carrés 16F**, endroit contre endroit, en alignant les bords bruts et glisser 1 extrémité de la fermeture à glissière entre les 2 pièces de tissu. Coudre et rabattre les carrés vers l'extérieur.
Réaliser le même assemblage sur l'autre extrémité de la fermeture à glissière.

(21) Coudre les carrés 16F sur les extrémités de la fermeture à glissière.

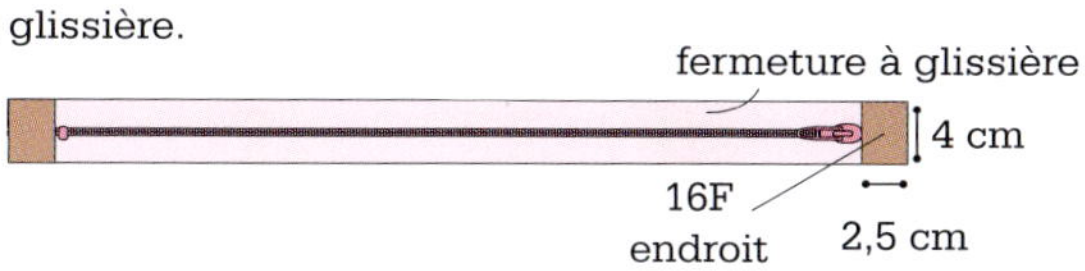

Sélectionner les **rectangles 17** coupés dans le tissu de doublure et dans la Vlieseline thermocollante.
À l'aide du fer chaud, fixer les rectangles de Vlieseline sous les rectangles de tissu.
Poser 1 **rectangle 17** de doublure, sur la table, endroit face à soi. Placer la fermeture à glissière sur le bord haut de la **pièce 17**, endroit face à soi, en alignant les bords hauts. Placer ensuite le dos de la trousse sur la pièce de doublure, endroit contre endroit, en alignant les bords bruts. Épingler et coudre le long du haut de l'assemblage en utilisant un pied presseur spécial fermeture à glissière.

(22) Assembler le rectangle 17 (doublure) et le dos de la pochette (endroit contre endroit) en intégrant la fermeture à glissière entre les 2 épaisseurs de tissu.

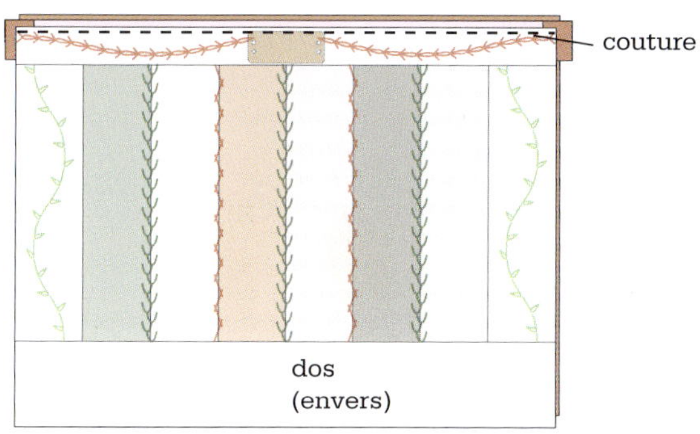

(23) De la même façon, assembler l'autre ruban de la fermeture à glissière avec le second rectangle 17 (doublure) et le devant de la trousse.

Surpiquer le long de la fermeture à glissière, sur les devants et dos de la trousse. Repasser l'ouvrage pour écraser les coutures.

Ouvrir la fermeture à glissière et superposer les devant et dos, endroit contre endroit, en alignant les bords bruts. De la même façon, superposer les 2 pièces de doublure, endroit contre endroit. Superposer les rubans de la fermeture à glissère.
Épingler l'assemblage et coudre tout autour en laissant une ouverture de 7 cm environ sur le bas des pièces de doublure.
Attention : Les extrémités des rubans plissés ne doivent pas être prises dans les coutures latérales.

LES SOUFFLETS ET LES FINITIONS

Écraser les bas de l'assemblage en superposant les coutures et épingler. Coudre le long des bords bruts pour former les soufflets de la trousse selon les indications suivantes. Recouper l'excédent de tissu en conservant une marge de couture.

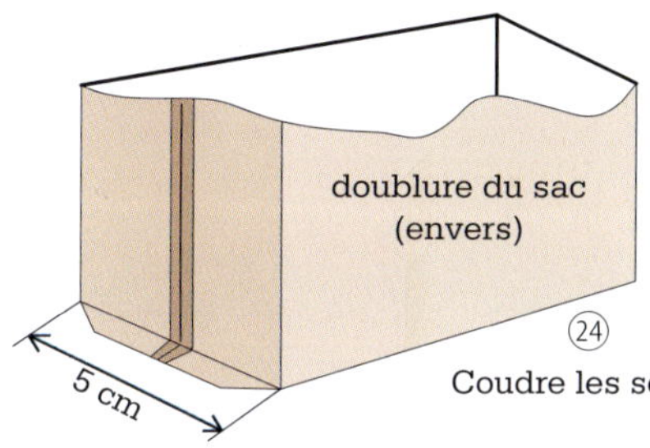

(24) Coudre les soufflets.

Réaliser le même assemblage sur les 4 « coins » de l'ouvrage. Une fois les soufflets réalisés, retourner l'ouvrage sur l'endroit par l'ouverture laissée libre dans la doublure. Bien mettre en forme en faisant ressortir les angles. Fermer l'ouverture à points glissés invisibles et glisser la doublure dans la trousse.

les éditions de saxe
3 chemin du Torey
69340 Francheville
www.edisaxe.com

Créatrions : Janine Alers pour House of Quilts, Elisabete Dias pour Happy Handmade, Ellen Remijnse pour EQP Textiles, Kristel Salgarollo
Rédactrice technique : Marie-Laure Pegeot Mangel
Dessins techniques : Céline Cantat
Maquette : Evelyne Nobre
Photos : VR concept

13 PROJETS QUILTÉS NEW VINTAGE
SLIV265 – ISBN : 978-2-7565-3758-0
Imprimé en Italie
Dépôt légal : à parution